さりげなく
品と気づかいが伝わる

Tomoko Imai
Choi Tashi Kotoba Cho

今井登茂子

朝日新聞出版

# はじめに

この本を手にしていただき、ありがとうございます。

突然ですが、本書のタイトルの「ちょい足し」という文字をご覧になって、あなたは何を思い出されたでしょうか。

たとえば、カップラーメンやコンビニエンスストアで手に入る食品などに、何かをちょっと加えるだけで俄然おいしくなる「ちょい足しレシピ」を連想される方もいらっしゃると思います。

簡単で手間もかからないけれど、意外な効果がある。そんな場合に使われています。

本書で紹介する「ちょい足しことば」も、まさにそんなひとことです。

普段の表現にひとことをプラスするだけで会話がもりあがる、相手がうれしい気持ちになる、あなたの印象や信頼感が格段にアップする。そんな「とってもおいしくなる」ことばなのです。試しに目次をご覧いただくと、見たり聞いたりしたことがあることばがたくさん並んでいて、「こんなの知ってるよ」と感じられるかもしれません。

でも、実は、多くの方が普段使いできていないのです。こんなに簡単で、効果絶大なのに！

私はＴＢＳテレビにアナウンサーとして入社、その後独立してフリーランスで活動したのちに、コミュニケーション塾を開き、アナウンサーや企業の経営者層にアドバイスをしたり、社会人になりたての方々に研修を行ったりしながら、60年以上ことばの世界に身を置いてきました。

ときどき、「どうしてコミュニケーションの先生をしているのですか？」と尋ねられるのですが、その答えは「自分ができなかったから」なのです。

小学生の頃から、「友達が欲しい！」と切望しながら、どのように声を掛けたら仲良くしてもらえるのか、ことばが見つからず、寂しく孤独な10代を過ごしました。

そんな私がなぜアナウンサーを目指したかといえば、女性として独立できる仕事に就きたかったからです。とはいえ、就職してからも、難なくコミュニケーションをしている同僚に焦りを感じていました。辞めようと思ったことも何度もありましたが、「もう一度がんばってみよう」と思えたとき、周りの人達の会話に耳をすませるようにしたところ、あることに気が付いたのです。

皆から好かれている人は、ただ「おはよう」や「お久しぶり」だけでなく、必ずひとこと「風邪治った？」「資料作るの大変だったでしょう」と相手に寄り添うことばを掛けていることに。

自分に心優しい関心を持ってくれたら、その相手を好きになるという心理は誰しも同じはず。「なるほど、これだったのか！」と、こうしたことばを「第二のあいさつ」と名付けて実践してみたのです。

試してみると、少しずつ周りが変わってくるのが実によくわかりました。向こうから声さえ掛けてくれるではありませんか。

そうか、自分を受け入れてもらいたかったら、まず相手の立場に立ってみなければ。そう気づかされ、この必死の試みはコミュニケーションの土台ともいうべき貴重な収穫となったのです。

さらに、あいさつだけでなく、さまざまな場面で相手を思いやる小さなひとことを言い足してみると、相手の反応が生き生きとしてくるのがはっきりと感じられます。

すると、自分自身も人と話すことが楽になり、人間関係にも広がりや深まりが出てきました。

そんなことばをまとめたのが、この本です。

会話は、常に「とっさ」です。だからこそ無意識に心のなかを見せてしまっています。

ただ、そうした自分の会話スタイル(癖)を客観視することは簡単ではありません。私が主宰するコミュニケーション塾で、生徒の方々が話しているところをVTRに撮って自己チェックしてもらうと、ほぼ9割の人が「自分はもっとましだと思っていた」とガッカリしています。

「ちょい足しことば」は、そんなとっさの場面で思わず出てくるあなたの会話スタイルを磨き、コミュニケーションの「品」を高める強力な武器となってくれます。

もちろん、全部覚える必要なんて全くありません。

まずは、言いやすそうなことばを試して、その効果を実感すれば、きっと自信が持てるようになります。すぐ、気軽に、手軽に試せるのが、ちょい足しのいいところですから。

あなたが手にしたことばは一生ものです。年齢制限も、賞味期限も、ありません。

あなたのお役に立てたなら、そのひとことであなたが笑顔になれたなら本望。

心から応援しております。

## 第2章

気づかいながらツボを押す「第二のあいさつ」

# 〝問いかけ〟のちょい足し



## 第3章

よいところは素直に

# 〝ほめ〟のちょい足し

第4章

「はい」にプラスで効果倍増！

# 〝返答・賛成〟のちょい足し



第5章

思わず引き受けてしまう

# 〝依頼・相談〟のちょい足し

# 第6章 雰囲気が悪くならない "意見・提案・反論・質問"のちょい足し

## 第7章 気持ちよく許してしまう〝謝罪〟のちょい足し

## 第8章

相手がスッキリ諦める

# "断り"のちょい足し



## 第9章

相手の気持ちが軽くなる

# "おわび受け"のちょい足し

## 第10章 "感謝"のちょい足し

またやってあげたいと思わせる

ブックデザイン　三森健太（JUNGLE）
イラスト　村林タカノブ
編集協力　三宅智佳
校閲　くすのき舎

# 本書の見方

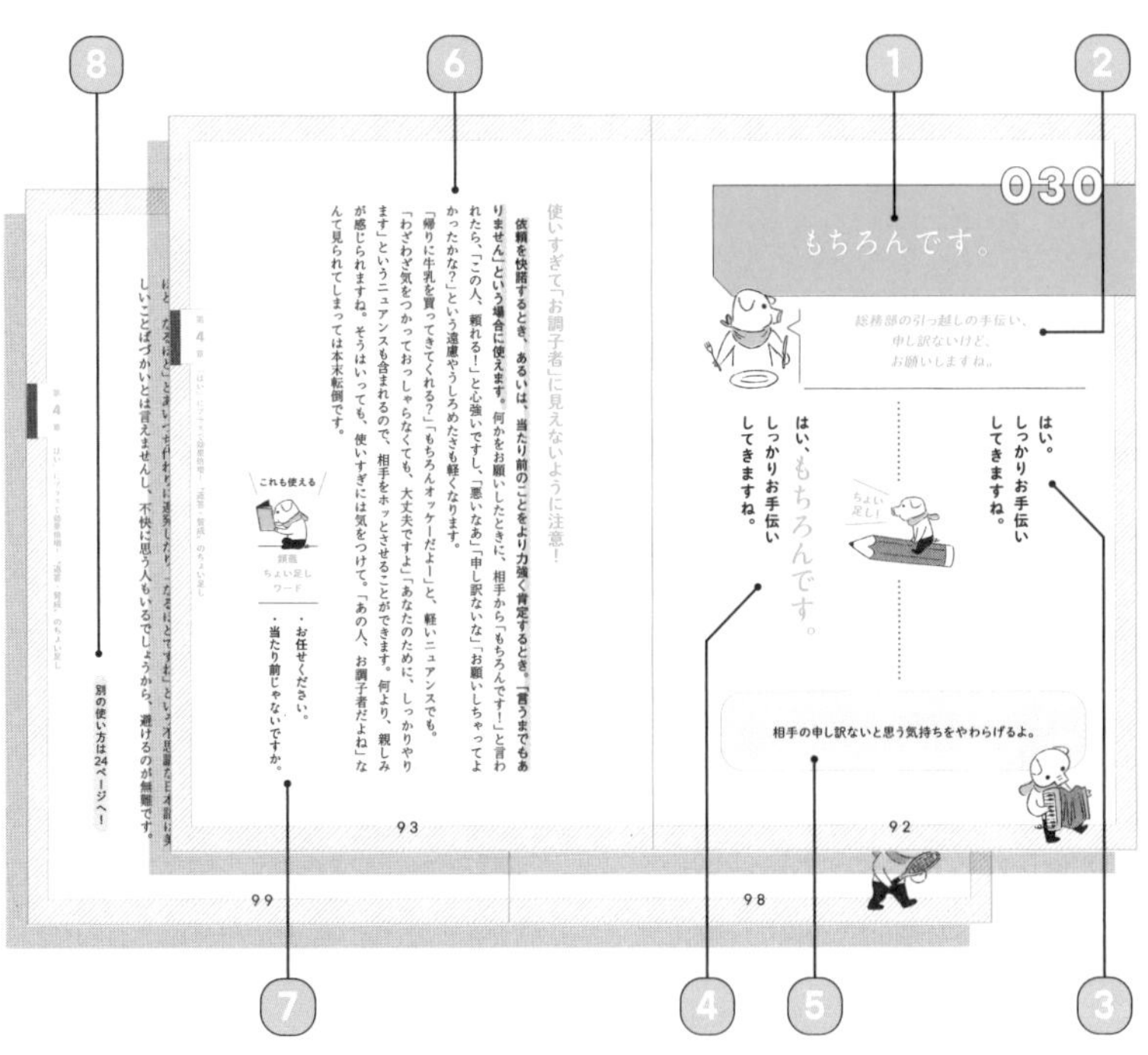


1. ちょい足しワード
2. 相手からこんなふうに言われたら……という会話の例文。項目によっては無いものもあります。
3. Beforeちょい足し。ちょい足しする前はこんな感じですが……。
4. Afterちょい足し。ちょい足しするだけで、こんなにも違う！
5. ちょい足し効果や注意点、言い方のコツやニュアンスなど、ひとことポイントです。
6. 正しく素敵に使って、効果を最大化するための詳しい解説です。
7. 似た意味を持つ類義のちょい足しワード。応用編です。
8. 同じワードで別の使い方がある場合は、こちらへ。

# 〝ちょい足し〟が生み出す 7つのすてきな効果

印象を変えるために文章全体を言い換えるのって、結構たいへんです。
〝ちょい足しことば〟のいいところは、
ふだん使っている表現はそのままに、ちょっと足すだけだということ。
小さく添えるだけで、大きく変わる！

1

## 「好印象」を与える

初対面に限らず会うたび、会話するたびに印象は形成されます。つまり、塗り替えることだってできるのです。ちょい足しことばは、相手への気づかいであり、関心のサインですから、その相手への配慮そのものが「品」となり、好印象を与えます。

## 2 「会話」がどんどん続く

ちょい足しことばには、自然と相手の話を引き出す効果があります。自分に関心を持ってくれていることがわかったり、ほめられたり、話したいツボにぴったりはまる質問を投げかけてくれたら、もっと話したい、もっと聞いてほしい、仲良くなりたい、という気持ちになりませんか。会話がなかなか続かないと悩むこともなくなるはずです。

## 3 「聞き上手」になれる

「聞き上手」とは、ただ受け身になって聞き続けることではありません。話をするのは相手が7割、自分が3割という「七・三話法」が理想です。会話のボールがお互いの間を行き交うように導いてこそ、本当の聞き上手と言えます。ちょい足しことばには、相手のことばを引き出すとともに、自分の気持ちを伝えるパワーが宿っています。

4

## 「安心感」が湧いてくる

ちょい足しことばは、「あなたの立場や状況も想像したうえで発言しています」ということを、相手に伝える効果があります。ぴりりとする議論の場であっても、お誘いを断る場面でも、気づかいや敬意が伝われば、相手は自分が尊重され、ないがしろにされていないことがわかってホッとします。すると、あなたも安心して話すことができますね。

5

## 「満足感」が得られる

自分の話を相手がしっかり受け止めてくれていることがわかると、気持ちがとても満たされます。それを確認できるのが、ちょい足しことばです。会話で満足感が得られると、相手を好きになり、心もオープンに。あなただからこそ話したい、相談したい、頼みたいという気持ちになるはずです。それは、あなたにも満足感をもたらしてくれます。

6

## 「信頼感」が育つ

信頼関係は一朝一夕にできるものではなく、ここまでの1～5のプロセスの小さな積み重ねで育っていきます。相手の立場に配慮し、寄り添い、感謝し、気づかう。短いひとことでこれを積み重ねていけるのが、ちょい足しことばです。提案やアドバイスに対して、「この人が言ってくれることなら」と受け入れられることが増えるはずです。

7

## 自分も「楽」になり、「自信」と「品」が生まれる

ちょい足しことばを使っていると、コミュニケーションで感じていたストレスが小さくなり、気持ちが楽になっていきます。すると、自分が持つ本来の力を発揮しやすくなるもの。あなたと話したい人が増え、そこからの学びも多くなります。すると、自信がつき、その人らしい品位も身につく。ちょい足しは豊かなコミュニケーションの出発点です。

# 相手の話を引き出す！

# 第1章

会話は、相手の話に耳を傾けることから始まります。

ここで紹介するのは、相手に「聞いていますよ」と伝える「あいづち」のアクセントになることば。

「興味を持ってくれているんだな」

と相手はうれしくなって、きっとあなたと、もっと話したくなることでしょう。

# 〝共感・感想〟のちょい足し

001

# 私も同じ気持ちです！

今度の仕事、
あなたの部の佐藤さんに
任せたいなぁ、と。どうだろう?

いいんじゃ
ないでしょうか。

私も
同じ気持ちです！
いいんじゃ
ないでしょうか。

自分もそう思っていることを
積極的に伝えよう。

## 「もともと同じ意見なんです」は相手も心強い

自分の思いや考えについて、同意されたり認めてもらったりすると、誰でもうれしいもの。これは、何か意見や考えを述べた相手に対して、同調したり共感を示したいときには積極的に使いたいあいづちです。

**「私も、あなたと同じですよ」「そもそも同じことを考えていたんですね」ということを自然にアピールできるので、相手を肯定するだけでなく、安心させます。**

さらに、このひとことで、相手があなたに抱く親しみもアップして信頼につながるでしょう。するとこ、相手も「ね、やっぱりそうですよね」「あなたもそう思っていたんですね。よかった」と話がスムーズに、気持ちよく進められるはず。

お互いの心を開き、距離をグンと近づけてくれるひとことです。

これも使える

類義
ちょい足し
ワード

・私も同じ意見です！
・私も同感です！

別の使い方は96ページへ！

002

# なるほど。

新しい意見やアイデアが
次々と出てきて、
やり直しの連続だったのです。

たくさんの試行錯誤を
重ねたのですね。

なるほど。
たくさんの試行錯誤を
重ねたのですね。

うなずきのようなことばです。

## 言い方によって使い方も広がる

相手の意見を「まず、理解しました」ということを表すときに、「なるほど。」はよく使われるあいづちです。短いひとことでも、「なるほど……。そういうことだったのですね」という具合に「より理解が深まりました」という感謝や尊敬の気持ち、感嘆の意まで込めることもできます。「なるほど！」と驚きを込めることもできます。

また、「なるほど、これまでの経緯はよくわかりました。では、これからどう進めるのがベストだと思われますか？」というように、「その先」を相手が話しやすくなるよう誘導する役割も。

便利なひとことではありますが、「なるほど。」は多用に注意。真面目に話しているのに「へえ、なるほどなるほど」と何度も繰り返されたら、人によっては軽く見られているように感じてしまうかもしれません。

また、年齢や経験が上の人に対して用いるなら「なるほど、勉強になります」「なるほど、よくわかりました」といった謙虚なことばをセットにしましょう。

別の使い方は98ページへ！

003

# おっしゃる通りです。

アイデアは斬新なのですが、
この部分は使いづらいのでは？

ご指摘いただくまで、気がつきませんでした。

おっしゃる通りです。

ご指摘いただくまで、気がつきませんでした。

相手のことばへの納得感を伝えるよ。

## 共感、尊敬、謝罪など複数の意味を込められる

まさに、「その通りです」という意思をていねいに表すひとこと。

「うんうん、確かにそうだ！」というように、全面的に相手を肯定することができます。

さらに、このひとことで自分が納得していることをじゅうぶんに伝えられるので、相手は次の話を続けやすくなります。

「おっしゃる通りです。」には、**「なるほど、言われてみればそうですね」といった共感**のほかに、**「さすが○○さん、うまくまとめるなあ」といった尊敬**、**「思い至らず申し訳ありません」といった謝罪**の気持ちなど、場面によってさまざまな「意味」が含まれるでしょう。

また、自分もそう思っていたけれど、その考えを採用しなかった結果、相手から不備などを指摘されたときにも使えます。例文の問いかけに対してならば、「おっしゃる通りです。私も気になってはいたのですが、こちらの動作性を優先してしまって」といった感じです。

口癖のように言っていると、あまり考えずにぺこぺこしている印象にもなりかねないので、本当にそう思ったときにだけ使うぐらいがちょうどいいことばです。大きくうなずき、相手の目を見ながら、上手に使ってみてくださいね。

# わかります！

この部分、要素をあとひとつ加えると、劇的によくなる気がするんだ。

何かが足りないんですよね。

わかります！何かが足りないんですよね。

相手がさらに話したくなるよ。

# 「そうなんですよね」をグッと前向きな印象に

自分が話しているとき、相手がしっかりとこちらを見て、「うんうん」とうなずきながら聞いてくれたり、「そうですよね」「そういうことなんですね」などとあいづちを入れてくれると、「ああ、しっかり聞いてくれているんだな」「話していることが、伝わっているんだな」と実感するものです。

さらに、目を輝かせながら「わかります!」なんて言われたら、安心して気持ちよく話し続けることができます。

このように、**「わかります!」は、「そうですね」を超える、心からの同意、本音の感嘆が感じられることば**なのです。これを聞いた相手が「おっ、わかる? わかってくれる? だからね……」とうれしそうに身を乗り出してきたら、会話が弾むスイッチが入ったということ。例文のようなシーンであれば、アイデアを出し合う議論も盛り上がることでしょう。

とはいえ、深刻な話題や相談ごと、相手が複雑な想いを抱えているときなどには、軽々しく使わないようにしたいことばでもあります。そんなに簡単に、他人の気持ちはわからないものだからです。

005

# 響きました。

私が医師を志したのは、
そういう出来事が
あったからなんです。

素敵なお話ですね。

素敵なお話ですね。
響きました。

相手の話が自分の心にしみ込んだ
感動を伝えて!

## 言ってみると意外にわざとらしくない

印象に残る話やことばを聞いたときは、それを教えてくれた相手に、まず感謝の気持ちが生まれます。「いいお話をしてくださって、どうもありがとう！」という想いが内面からわきおこったことを伝えるちょい足しです。

ストレートなお礼だけでなく、「自分にとってどんな効果があったか」をことばにすると、小さな感想として相手に伝わります。

**胸に軽く手をあてながら「響きました」とひとこと。それだけで、相手の話がどれだけ自分に影響を与えたかを、端的に表すことができます。**

一見、大袈裟なような、わざとらしいような印象を受けるかもしれませんが、本当に感動したら、その想いがちゃんとことばにのって、自然に発することができます。

「自分はどう感じたか」「自分にどのような影響を与えたか」。相手に、感想をひとことで伝えてみましょう。長い説明やていねいな解説よりも、はるかに効果的に相手の心に届くはずです。

# 006

# そうだったんですか！

目の前で乗客二人が
大ゲンカをはじめたものだから、
電車が遅れちゃって。

大変でしたね。

そうだったんですか！

大変でしたね。

大なり小なり「真相」を
打ち明けられたら、これ！

## 相手を饒舌にさせる受け止め

「なるほど」「わかります」と同様、人の気持ちに寄り添うちょい足しことばです。

苦労を乗り越えたり、何か成果を手に入れたり、秘密を打ち明けられたり、あるいは日常のちょっとした体験やエピソードなど、相手の様子や話の内容から「特別に聞いてほしい気持ち」が感じられるときに使ってみましょう。

「これまでの経緯は理解しました」ということに加えて、「それは苦労されましたね」という労いや、「そこまでされたのですか、すごい！」という称賛を盛り込むことができます。

ですので、ちょい足しする際には、そのときの話の流れや内容のなかで相手に対して抱いた気持ちを込めてください。

**「それで、そのあとどうなったのですか？」「何が原因だったんでしょうね」「○○さんは、お怪我などなかったですか？」など、質問を「さら足し」**（「ちょい足し」にさらに加えることを本書では「さら足し」と表現することにします）していくと、相手も無用な遠慮をすることなく話したいことを気持ちよくしゃべることができます。

007

# 知りませんでした。

3年前、
この部署は私ひとりから
はじまったんですよ。

そうなんですか！

そうなんですか！
知りませんでした。

初めて知った驚きを、さらに強調するよ。

## 「存じませんでした」のカジュアルな言い方

物事の経緯や事情を「知らなかった」と相手に伝えることは、さまざまな効果があります。

たとえば、相手が大変な状況を乗り越えたり、努力を重ねてきた結果、何らかの成果を出したときに、その話を聞いて「知りませんでした！」と言えば「大変なそぶりも見せず、すごいです！」という労いや尊敬の想いを表現できます。

また、「○○さんのご活躍、知りませんでした！　今度ぜひ、うちの部でも伝説のプレゼン術を講義してください！」という具合に、相手を嫌味なく持ち上げることも可能。「さらにお話を聞きたいです」というニュアンスも。

また、相手の話に対してどう声をかけたらいいのか悩むような場合にも「知りませんでした。なんと言ったらいいか……」と言うだけで、誠意は伝わるでしょう。

こんなふうに、**オールマイティに使えることばですが、本当に「知らなかった」ときだけにしましょう。**知らないふりをすべき場面ももちろんありますが、知っているのにわざわざ知らないと表明して、あとでつじつまが合わなくなると信頼も失いかねません。

# 008

# 初耳です！

私たち、大学が一緒で、
石川さんが1年生のとき、
私が4年生でしたよね。

おふたりは、
先輩・後輩の
間柄なんですね。

おふたりは、
先輩・後輩の
間柄なんですね。

初耳です！

話が盛り上がるひとこと。

## このひとことで、どんどん話が弾む

「初耳です！」のほかにも、「そうだったんですか！」「びっくりです！」など、知らなかったことや、驚き、意外な気持ちを瞬間的に口にすることばです。はっきり驚きを伝えるこのひとことを発することで、その後会話が弾みます。

実際に言ってみると実感できますが、**あなた自身、「次」のひとことがスムーズに出てきます**。

知らなかったことに対して、人はつい、それらしい感想を考えたり、自分が知っていることや、自分のエピソードなどで話を続けようと無理をしてしまいがちです。でも、ここは**「初耳です！」の勢いで、素直に相手に質問を投げかけるのが正解**。例文であれば、「いつからお知り合いだったんですか？」「学生時代の強烈な思い出と言えばどんなことですか？」「サークルやゼミが一緒だったのですか？」といった具合です。

こうしたことばは、硬すぎず、ほどよくカジュアル。大切な仕事の場面で使うことはおすすめできませんが、場を「和ませる」効果は抜群です。

## 009

# 存じませんでした。

生まれたときから祇園祭は
欠かしたことがないよ。
近所だったからね。

根本部長は
京都のご出身なのですね。

根本部長は
京都のご出身なのですね。
存じませんでした。

とっさに言えるようにしたい
ことばのひとつ。

## つい出てしまった「マジですか?」のフォローにも

006の「そうだったんですか!」、007の「知りませんでした。」、008の「初耳です!」と、相手の話を知らなかった場合に使えるちょい足しことばをご紹介しました。ただ、いずれもカジュアルなので、初対面の相手やクライアント、目上の人に対しては、「存じませんでした。」を使いましょう。

「知りませんでした」は、友達同士で使う、「え、そうだったの? やだ、知らなかったー」といった雰囲気で使う表現が、単に「ですます」調に置き換わったイメージです。ですので、**ビジネスの場面では、きちんと謙譲語を使うのが適当なのです。**

もうひとつ、この「存じませんでした」の裏ワザをお伝えしましょう。仕事の場面で、つい「えっ、そうだったんですか! びっくりですね!」、あるいはとっさに「えっ、マジですか?」なんて言ってしまったこと、ありませんか。「しまった!」と冷や汗をかきますが、そんなときは、すかさず、そのあとに「存じませんでした。」をつけてフォローします。「えっ、マジですか?」も、そのあとに「存じませんでした。」と言えば、かなり印象は変わります。覚えておくと便利ですよ。

COLUMN

# 伝え方の4ステップ

内容がどんなによくても、「よくわからない……」と言われてしまっては残念です。

相手に話がすうっと伝わる。これを実現するために、4つのステップがあります。

【ステップ1】 正しく、はっきりと

何のために何を話したいのか、目的をしっかりととらえて相手が聞き取れるように意識して声を出します。声が小さいと感じている人は、お風呂やキッチンでの「ながら発声練習」がおすすめ。好きな歌を口を縦横にしっかり開けて歌っているうちに、出るようになってきます。声帯は筋肉なので鍛えると応えます。ストレス発散にもなりますよ。

【ステップ2】 感じよく

話すときは相手のほうを向き、視線を合わせるのが基本。また、場の雰囲気や相手の状況に配慮して合わせようとする心づかいも大切です。子どもには腰を落として優しくというのもそのひとつ。「しぐさ、視線、表情、声」などが合わさって印象をつくります。

【ステップ3】 わかりやすく

内々の会話でなければ、専門用語や業界用語はできる限り避けます。難しい用語は平易なことばに置き換える。また、ただ「白い」ではなく「雪のように白い」というふうに、多くの人に共通してわかるような「たとえ」を使うと伝わりやすくなります。

【ステップ4】 納得させる

何かを説明するとき、知識や情報、データなどを加えていくと、相手は「なるほど」と納得します。感覚だけで話していないことを伝えられると、人としての信頼性も高まり、相手があなたのことばを受け止めやすくなるでしょう。

シンプルですが、意識してみると、案外できていないことに気づかされませんか。

# 第2章

# 気づかいながらツボを押す「第二のあいさつ」

シンプルな基本のあいさつのあとの気づかいの問いかけ、これが「第二のあいさつ」です。

相手の状況に限りなく寄り添い、自分の話よりもまず相手を優先してかけるひとことは、相手の心を開き「それを聞いてほしかったんだ!」と、気持ちよい会話のスタートになります。

# 〝問いかけ〟の ちょい足し

# 010

# 飛行機は揺れませんでしたか？

東京本社から
出張で参りました平岡です。

長旅、お疲れさまでした。

長旅、お疲れさまでした。

飛行機は
揺れません
でしたか？

相手の「今」にピッタリくる気づかいを。

## 相手がホッとできるひとことを

**自分が、今いちばん感じていることを相手が察してくれると、一気に緊張がほぐれるものです。**

そのひとことを「第二のあいさつ」と名付けました。相手の立場に立った、ちょっとした「問いかけ」です。

例文は、以前、私が海外出張に行ったときのエピソードです。行きの飛行機がそれはそれは揺れて、疲労困憊(こんぱい)の状態で先方に着きました。そのとき、迎えにきてくれた現地の方が、「今井さん、お疲れさまでした」と言ったあと、「飛行機は揺れませんでしたか?」と聞いてくれたのです。

そのとき、あまりにひどい揺れのせいで蕁麻疹(じんましん)まで出ていましたが、そのひとことで「ああ、この人は察してくれたんだ」とホッとし、疲れもやわらぎました。

「電車は混んでいませんでしたか?」「ひどい雨ですが、大丈夫でしたか?」「立ちっぱなしでしたけれど、脚は痛くないですか?」など、自分の状況を想像して気づかってくれるひとことはホッとすると同時に、相手を好きになります。

初対面ならなおさらお互いの距離がぐんと近くなり、好感の出発点となるでしょう。

# 011

# どうだった？

お帰りなさい。

お帰りなさい。
どうだった？

気にかけていた、
心配していたことを伝える。

## 今しゃべりたいことをしゃべれるように

営業先から帰ってきた同僚に、このひとことをちょい足ししてみてください。すると相手は、「もうー、大変だったよ！」「ばっちり！　思い切って訪問してみてよかった！」というふうに、そこから出先であったことについて話をはじめやすくなります。

「どうだった？」（丁寧語にすると「どうでしたか？」）というひとことで「あなたを気にかけていました」「うまくいくように願っていたよ！」など、さまざまな想いが伝わって、あなたが話を聞いてくれる〝開いた〟状態だとわかるからです。

**相手が話したいのではないか、口に出すのを遠慮しているかもしれないと想像できたときは、こちらから水を向けてみます。**なんでもない雑談であっても、相手の気持ちに思いを馳せるこんな質問は、関係性を一歩進める大切なコミュニケーションの一つです。

私が仕事から疲れて帰宅すると、夫は毎日「お帰り。どうだった？」と聞いてくれました。こう聞かれると、「それがね、聞いて！」と話が止まらなくなるものです。

「どうだった？」の裏には、「お疲れさま」を超えるスペシャルな労いも含まれるのですね。

# 012 どうやったのですか？

きれいな写真ですね。

きれいな写真ですね。
どうやって撮ったのですか？

詳しく語りたいであろう思いに
応えられるよ。

## 会話を弾ませる救世主

私が主宰する朗読の会で、会員のひとりががんばって素敵な会報誌を作ってくれました。受け取ったみんなが「ありがとう！」「すてき！」とシンプルな感嘆のことばを伝えるなか、「いやあ、すばらしい出来ですよね。この写真はどうやって並べたのですか？」と具体的な質問をした人がいました。すると、作った人は「あっ、気がついてくれましたか？　これは……」と饒舌になり、生き生きと説明しはじめました。

苦労したこと、がんばったこと、手をかけてやったことなどを自分からアピールするのは、ちょっと気が引けますよね。でも、誰かが気がついてくれたら、とてもうれしい。

「これだけ集めるとなると、どれぐらい時間かかったの？」「レイアウトも全部あなたが手がけたのですか？」などインタビューしてみましょう。

あまり考えすぎずに、**純粋に気になったことや、驚いたり感動したことについて聞いてみればよいのです。**きっと「そうそう、そこを話したかった！」と話が弾みますよ。

## 013

# 最近はお忙しいですか？

お久しぶりです。

お久しぶりです。
最近はお忙しいですか？

体調を気づかいつつ、
近況をたずねるよ。

## 忙しいかどうかを聞きたいわけではなく

ちょっとしたあいさつ代わりのひとこととして、よく耳にすることばですね。とくに、ビジネスの場面では、「こんにちは」と同じような頻度で使われている印象です。

これは、**ことばの意味通りに忙しいかどうかをたずねているわけではなくて**、「最近はどうですか?」と相手が近況を話す**きっかけをつくったり**、いつも忙しい人には働きすぎて疲れていないかな、経済状況が激しく変動しているけれど仕事はうまくいっているのかな、などという**気づかいをさりげなく伝えることば**です。

「いかがおすごしですか」「お変わりありませんか」のビジネス版と考えてもよいでしょう。

また、「忙しい」の、そのままの意味が生きてくる場面もあります。自分から「忙しい」と言うことを良しとしない風潮もありますが、忙しい人は、やっぱり「忙しい」と言いたくなるものではないでしょうか。

このちょい足しことばは、そのひとことを相手が口にしやすい投げかけになります。そして、そこをきっかけとして、話を聞いてあげることもできるでしょう。

# 014

## （休日は）ゆっくりできましたか？

おはようございます。

おはようございます。
（休日は）
ゆっくりできましたか？

休暇明けの相手に、
やさしいあいさつ。

## 休日明けの声がけに便利

週末がお休みの会社であれば、月曜日の朝のあいさつとともに使うと、さりげなく相手への気づかいも伝わりますし、相手が休日に何をしたかを話すきっかけにもなります。返事は「はい」のひとことでも済ませられますし、雑談にもつながる、答えやすい質問スタイルなのです。

夏休みや年末年始の休暇など長期の休み明けは、なんとなく休みの間の空白が埋まらずどぎまぎしてしまう人もいます。日本人はとくに、「不在中に迷惑をかけていないかな」なんて心配したり後ろめたさを抱きがちです。

相手がそんな心境かもしれないと思ったら、通常の朝のあいさつに「夏休みはゆっくりされましたか?」というふうに声をかけると、相手も、自然と休み前と時間がつながる感じがしてホッとするでしょう。

もちろん連休明けの何気ないあいさつにも便利。

でも、**あくまでもあいさつにとどめて、「どこへ行ったの?」「誰と?」などといった詮索にはならないように心得て使ってください。**

# 015

# その後、○○はいかがですか？

坂元さん、お久しぶりです。

坂元さん、お久しぶりです。

その後、カメラの調子はいかがですか？

会わなかった時間を埋める
きっかけをつくれるよ。

## あなたのことを忘れてなかったよというメッセージ

久しぶりに会った相手に、**以前に聞いた話の「後日談」をたずねるように、「その後、○○はいかがですか?」と切り出すと、「覚えていてくれたんだな」と相手もうれしく感じて、思いのほか、会話が盛り上がる**もの。

相手に関心を持ち、ことばにすることは、人と人との関係の中で、とても大切な愛情表現と言えます。

「その後、手作りケーキのレパートリーには、どんなものが加わりました?」「その後、ワンちゃんは大きくなりました?」「変わらず、今も泳いでいらっしゃるんですか?」などなど、相手の関心事についてひとこと、とりあげてみてください。

久々に会うと、話したい想いがお互いに募りすぎて話が止まらなくなる場合はよいのですが、何を話そうかどぎまぎすることもあります。そんなときは相手に語るネタが豊富にありそうなテーマで会話に弾みをつける、このちょい足しことばが活躍します。

# 016

## 前からお聞きしたかったのですが

坂口さん、いつもおしゃれですよね。
行きつけの美容院はどちらですか？

ちょい足し！

坂口さん、いつもおしゃれですよね。
前からお聞きしたかったのですが、
行きつけの美容院はどちらですか？

ずっと注目してくれていたんだ、とわかるよ。

## 聞いては失礼かな、と遠慮していたことも伝わる

「あなたのことが前から気になっていました」「もっと知りたいです」という気持ちが相手に届くと、会話が弾みます。「前からお聞きしたかったのですが」は、まさに「心に刺さる」ひとこと。あなたの相手に対する関心が、徐々に高まっていることも伝わります。

ほかにも、「御社のエントランスのお花、伺うたびに個性的で見とれます。前からお聞きしたかったのですが、どなたが生けていらっしゃるのですか？」とか、「○○さんの企画書、つねづね魅力的だなぁと思っていて……。前からお聞きしたかったのですが、どんなコツがあるんですか？」などさまざまなシーンで使えます。

**もちろん、そのあとの質問に相手への敬意が含まれていることが大前提です。**相手との関係性や質問する内容、状況によって、相手が詮索されていると感じること、プライベートに踏み込みすぎること、相手が困ること、不愉快に思うことはマナー違反です。そのときどきで見きわめてください。

私は、いつも人と会う前に、ひとつ、このちょい足しが使える質問を心掛けていきます。どんなことに興味があるのか、どんなものが好きなのか……。そのひとことが、相手の心を開きます。

COLUMN

# 万能の
# ちょい足しは
# 「名前」

講演や講義をする機会がたびたびありますが、話を終えたあと、「いやあ、よいお話でした」とほめていただくとホッとします。さらに、「今井先生、よいお話でした」と、名前つきで、おまけに「さすが！」なんて言ってくださる方がいらっしゃると、思わず「そう言っていただいてありがとうございます！」と笑顔で頭を下げている自分がいます。

こんなふうに、名前を呼んでもらうと、断然、そのことばにインパクトがあるのは、なぜでしょう。それは、あなたのこと、と「特定」されているからなのでしょうね。

たとえば、複数人のチームに仕事を依頼する場合に、特に、若手の人に「稲田さん、小山さん、よろしく頼みます！」と名前を呼ぶと、言われた側も漠然と「皆の中のひとり」という意識にはならず、気持ちがピシッとするものです。

会話の中で、この万能選手とも言える「名前をちょい足し」を上手に使ってみて下さい。

タイミングとしては、特に別れ際がおすすめです。

長い打ち合わせの最後など、つい「それではよろしくお願いいたします」と頭を下げて終了となりがちですが、このとき、相手に一瞬視線を合わせつつ「伊藤さん、それではどうぞよろしくお願いいたします」と頭を下げることで、伊藤さんも「よし、しっかりやろう」と自覚しますし、「伊藤さん、本日はどうもありがとうございました」と言えば、絆も深まるでしょう。

ビジネスシーンに限らず、たとえば子どもに対しても、とても効果的。「ハナちゃん、横断歩道では気をつけて」と目を見て注意をうながすと、子どもの注意力も上がります。

「名前」を呼ぶちょい足しは、自覚と責任を促す重要なキーワードでもあるのです。

# よいところは素直に

# 第3章

日本人はほめるのが苦手、とよく言われますが、〝食わず嫌い〟をしていませんか。SNSの「いいね！」ボタンを押すように、いいなと思ったことを、素直にことばにするだけです。お互いにちょっと照れくさいかもしれないけれど、その瞬間が豊かなひとときになりますよ。

# 〃ほめ〃の
# ちょい足し

# 017

# お目にかかれてうれしいです。

はじめまして。

はじめまして。お目にかかれてうれしいです。

初めて会う人に、最初に
喜んでもらおう。

## 相手との距離を瞬間で縮めるひとこと

「はじめまして」「こんにちは」などのあいさつの「次」にくることばを、「第二のあいさつ」と呼んでいます。なかでも、これはよく使うことばなので、覚えておくと便利です。

はじめて会う人や久しぶりに会う人と一般的なあいさつを交わしたあと、「お目にかかれてうれしいです」とひとこと添えるだけで、**「あなたに会えるのを楽しみにしていました」という自分の思いを伝える**ことができます。

すると、相手もその思いを素直に受けとめて、うれしくなります。そうなれば一気に距離もぐんと縮まります。

「どんなふうに話を展開しようかな」「どんな会話になるかな」と、その後の時間が楽しみになるでしょう。

あいさつは形式的な表現になりがちですが、そこにちょい足しする相手の立場に立ったひとことが「第二のあいさつ」。お決まりのあいさつを一気にオリジナルに変えるひとことなのです。

# 018
# ○○出身だから通でいらっしゃいますよね！

ランチは手早くうどんで
済ませることが多いんです。

そうなんですね。

そうなんですね。香川出身だから通でいらっしゃいますよね！

相手への関心とほめ。
ひとことで二度おいしい！

## 出身地、縁のある土地の話題は最強！

以前に話したことや、前に会ったときの自分の様子などをおぼえていてくれて、さらにそこに「ほめ」が加わると、非常にうれしいものです。このちょい足しことばは、そのなかでも最強の和やかムードを演出できる、相手の出身地をからめたひとことです。

相手の故郷がどこか、または学生時代に住んでいた、留学していた、あるいは勤務したことがある土地を聞いたら、それを覚えておいて、関係がありそうな話題でさらりと出します。

お気づきかもしれませんが、この例文は3つの効果が隠れています。

1. 相手の出身地が「香川」だとおぼえている。→**【相手への関心】**
2. 香川の名産品がうどんであることを知っている。→**【相手の大切なもの・ことへの関心】**
3. さすが、うどんのことにきっと詳しいんですよね、という尊敬。→**【相手への尊敬・ほめ】**

愛着のある土地に対して一家言ある人は多く、情報もたくさん知っています。興味を持って話に耳を傾けてくれて、そのことに感心してくれたら、相手は満たされた気持ちに。

出身地だけでなく、**相手に会ったときに聞いた話やこだわりのありそうな持ちものなど、印象に残ったことは名刺や手帳にメモしておくといいでしょう。**

# 019

# 明るい気持ちになりました。

すてきなオフィスですね。

すてきなオフィスですね。
明るい気持ちになりました。

相手に関係するものをほめてもいいよ。

## 周りを見渡せば何か見つかる

相手のことをまだよく知らないとき、どこをほめていいのかわからなくなることがあります。そんなときは、その人を取り巻く環境に目を向けるのも手です。

私も以前、仕事のコンペなどで先方に向かう場合は、事前にその会社のホームページを熟読していました。その会社の社長が本を出版していたら、読んでおくのは必須です。でも、期待する情報が得られない場合もあります。

そんなときは、当日、先方のオフィスの最寄り駅から社屋に向かうまでの道で、目を光らせます。素敵な公園やレストラン、個性的な建物があるなとか、社屋の入り口に置いてある、座り心地のよさそうな赤いソファがおしゃれだな、生き生きとした観葉植物がたくさん置いてあるな、などなど……。明るい話題にできそうなもの・こと、相手や相手の会社を間接的にほめられそうなもの・ことを探してみるのです。

相手の心をつかむ、第二のあいさつに使えるネタはきっと見つかります。**普段から周りを観察するようにしてみると、いざというときにスッとことばが出てくるようになりますよ。**しかも、これがなかなかおもしろい。ぜひ一度試してみてください。

# 020

## いいですね。

この企画書、とても見やすいです

この企画書、とても見やすいです。

いいですね。

ほめの追い討ちを独り言のように。

## もっともシンプルなほめことば

素直に心から出たことばは、どんなにシンプルなひとことでも胸に響くものです。

本当に「いいな」と感じたことは、そのまま「いいですね」と伝えてみましょう。

**「いい」はほめことばの基本。ひねりがないとか、カッコいいことを言わなきゃなどと考える必要はありません。**しかも人や動物、ものなどすべてに使えて便利です。

応用しやすいさら足しとしては、「とてもいいですね」「想像以上にいいですね」のように「どのくらい」いいのかを加える方法がひとつ。

もうひとつは、「この水色がいいですね」「使いやすいサイズがいいですね」と「何が」いいのか、「どんなところが」いいのか、その対象ならではのよさに着目する方法があります。このさら足しでは、ほめたいことを「いいですね」の前に持ってくればいいのです。

独り言のように「いいですね。」だけ小さな声で言うのもおすすめ。やや控えめな印象になるので目上の人にも使いやすく、心の声が思わず漏れてしまったようなリアリティもあります。

ほめると、お互いにうれしい共感が生まれます。あまり人をほめることに慣れていなくても、このことばなら簡単ですし、シンプルだからこそ相手の心にも届きます。

021

# これが欲しかったんです。

わぁ、ありがとうございます。

わぁ、ありがとうございます。これが欲しかったんです。

以心伝心でうれしい、
と相手の思いやりに感謝する。

## 想像してくれたことへの感謝を

例文は、贈りものをいただいたときや、お店でイメージを伝えたら、店員さんが奥からそれにピッタリの商品を出してきてくれた場面などを想定したものです。パートナーが買い物ついでに、切らしていたあなたのシャンプーを買ってきてくれたとき、「ありがとう。ちょうど欲しかったの！」と使うことも。

また、仕事の出来具合にも使えます。職場の後輩に頼んだ仕事を受け取ったときなどに**「わぁ、これこれ！　期待以上だよ！」**、アドバイスを求めた相手からの提案に**「○○さん、さすがです……。この要素が欲しかったんだと気づきました」**といった具合に。

贈りものをしたり、頼まれたものを用意したり、提案をしたとき、「相手はどう思うかな？」と小さな不安を感じている人は少なくないはずです。あなたのことを考えて用意してくれた相手に対して、**「私もこれが好き」「これを選んでくれて、つくってくれて、気づいてくれて、うれしい」**という感謝を伝えます。依頼に応えてくれたときも**「まさにこれです！」「想像していた以上です！」**など、ストレートに力強く相手に届けましょう。

# 022

## さすが○○さんです！

この資料、見やすいですね。

この資料、見やすいですね。
さすが安田さんです！

評判通り、期待通り、あるいはそれ以上！
という感嘆の気持ちだよ。

## 相手がぐすぐったくなる、最上級レベルのほめ足し

大手企業とプロジェクトを組むと、担当者が私の子ども世代、あるいはもっと若い、ということも多くなってきました。

たくさんの若い人たちと仕事をしながら、ガッツポーズをしたくなる瞬間があります。あるとき、私が作った試案を見た20代の担当の女性に、「すごいっ！　さすがプロですね」とうなるように言われて、心の中で「よし、やったぞ！」と。「この人は私を認めてくれている。この人のためならなんでも力になろう！」と素直に思えました。

「さすが！」は、こんなふうに**先輩や上司など上の立場にある人に限らず同僚、後輩に対しても使えます**し、さらに「〇〇さん」と名前を呼ぶことで、強調できます。

逆に、独り言のように「さすがだなぁ……」なんてつぶやくと、実感がこもります。

「いいですね！」「素晴らしい！」「お見事！」などのほめことばの中でも、よりすごいと思ってもらえているような、頼りにされているような特別感が生まれるこのことば。効果絶大です。

## 023

# いつも一生懸命ですね。

今回のレポートも、ていねいで読みやすいです。

いつも一生懸命ですね。
今回のレポートも、
ていねいで読みやすいです。

プロセスを認められるのは
うれしいもの。

## 相手の行動や態度に対する敬意

仕事は結果がすべてだと言われがち。でも**結果をほめる場合も、そこに至るまでの仕事ぶりや努力をちゃんと見ていますよ、そこにも敬意を払っていますよ、と伝えたいものです。**その気持ちをひとことで伝えられるちょい足しことばです。目上の相手に使えば、あなたの姿勢、その背中を見て学んでいます、尊敬していますという気持ちを表現できます。

私自身、新人時代に「あなたは仕事が早いわね。時間を一生懸命に使っているのね」と先輩に言われたことがあります。意味が即座につかめず不思議に感じたのですが、自分の行動を振り返ってみると、何をするときも集中して一生懸命やっていることはたしかでした。先輩がそこを見ていてくれたのだと思い当たったとき、とてもうれしかったものです。

これも使える

類義
ちょい足し
ワード

- **熱心ですね。**
- **ねばり強いですね。**

024

# みごとですね!!

午前中にご指示いただいた
作業ですが、すべて終わりました。

もう、
できあがったんですか！

もう、
できあがったんですか！
みごとですね!!

飾らない、素直なほめことば。

## 感動した気持ちをストレートに

一般的に音楽や絵画など、芸術的なものに触れて、思わず、感動をそのまま口にしようとするときに使うことが多いちょい足しことばです。

いつもは堅いイメージの銀行員の男性が、実にやわらかいタッチの風景画を描き、思わず「みごとですねぇ！　本当に○○さんが描いたの？」などと言ってしまったことがありました。そのくらいストレートな表現と言えるでしょう。

ですので、あまり考えたり意識して言うものではないのですが、**最上級の感動をひとことで品よく伝えられるので、自然に口から出てくるぐらいに自分のものにしておくといいでしょう。**

また、例文のように、仕事の手際がよく、テキパキとあっという間に片付けるのを見て、「すごいっ！　みごとですね！」と感心するときにも口にします。

よくゴルフで「ナイスショット！」と言いますが、それと似ていますね。思わず声を出してしまう「おみごと！」は、飾らないほめことばの代表選手なのです。

最近では、使っている人をあまり見かけませんが、私はお気に入りのことばです。言われるとくすぐったいような、誇らしいような、他にはない心地よさを感じますよ。

# 025

# 完璧！

今回のイベントはすばらしかったね！

今回のイベントはすばらしかったね！
完璧！

「ナイス！」といった気持ちをプラス。

## 苦労を話すと「ほめ」と同じ効果に

対等な関係性の相手や、部下や後輩などの仕事が「何も言うことなし！」「パーフェクト！」と感じる出来であったときにちょい足ししたい、惜しみない賛辞です。

さらに、そこから「今回のイベントは、設営が大変だったんじゃない？」「どれくらい前から準備をしていたの？」などなど、**「完璧」だと感じたポイントについて質問をして、相手に存分に語ってもらいましょう。** なぜなら、自分の経験を人に聞いてもらうことは、ほめられることと同じくらいうれしいものだからです。

ほめ上手の極意は「聞き上手」。高揚感や達成感があるときは話を聞いてほしくなるもの。そこにじっくり耳を傾けてくれたら、ほめられている以上に満たされた気持ちになるでしょう。

これも使える

類義ちょい足しワード

- **満点！**
- **文句のつけどころがないね。**
- **何も言うことがないよ。**

# 026

## ○○さんがやると違いますね。

わかりやすいです！

わかりやすいです！
深田さんがやると違いますね。

「あなたは特別です！」
と言われている気分に。

## あなたの実力を知っていたからこそ

相手が何かをしてくれたとき、ほかの誰でもなくあなたにしてもらってよかった、という気持ちと、その出来栄えに敬意を示すちょい足しことばです。また、あなたが何かをしてもらったわけではなくても、相手の仕事の成果を目にしたときなどにも使えます。

「お客様、納得してくださってよかったです。○○さんが話すと違いますね」「今日のネクタイとシャツの組み合わせ、とてもおしゃれです。○○さんが選ぶと違いますね」など、さまざまなシーンで活用できます。

さらに、応用テクニックをひとつ。**「○○さんが作ると違いますね」とほめたあとに、「コツはなんですか？」と質問してみましょう。**会話がさらに広がりますし、もしかしたらあなたも参考になる「私にしかできない」貴重なコツを伝授してくれるかもしれません。

ふだんからその人の実力や仕事の仕方、出来を信頼し、認めているからこそ、「やっぱり、期待通りでした」と言えるわけで、あなたがいつも関心を持っていることも伝わります。

027

# 尊敬しています。

ずっと勉強されているのですよね。

ずっと勉強されているのですよね。
尊敬しています。

とくに目上の人への
ほめことばとして最強。

## 頻繁に使うと逆効果

テレビでインタビューなどを見ていると、「リスペクトしています」ということばがよく聞かれますが、それを社会人が使う日本語で言えば、「尊敬」。まずは特に上司や先輩など目上の人の言動や姿勢に対して「すごいな、さすがだな」「リスペクトしてる！」と思ったときに使いたいちょい足しことばです。

さら足しで、「みんなが気がつかないところに目を向けてくださって、○○さんのそういうところを尊敬しています」という具合に、**「○○さんの」と相手の名前を呼びかけたうえで、「どんなところ」を尊敬しているかを具体的に伝えると、より「濃い」ほめことばになります。**

とはいえ、頻繁に、誰に対しても「尊敬しています！」と連発していると、ことばが軽くなってしまい、ただのご機嫌取りに聞こえてしまうこともありますので、口癖にするのは避けたいことばでもあります。

そして、もちろん、**誰にでも使えます。**「どんなときも明るく応対しているね。私、○○さんのそういうところを尊敬していますよ」と上司や先輩から言われたら、やる気も倍増するはずです。

028

# 私では思いつきませんでした。

この方法だと、コストが
2割カットできそうなんです。

名案ですね。

名案ですね。
私では思いつきませんでした。

提案してくれたことへの敬意が伝わるよ。

## 社外で使うときは気をつけて

「あっ、なるほど！　それは考えつかなかった！」といったことばはよく使うのではないでしょうか。そこをグレードアップして、「私」という主語を明確にすると、より強く感心の気持ちを伝えることができます。

そして、このことばは、ぜひ、さら足しをおすすめしたい！　「どうして」「どんなふうに」「いつ」など5W2H（「When：いつ」「Where：どこで」「Who：だれが」「What：何を」「Why：なぜ」「How：どのように」「How much：数・量」）を意識して、相手のアイデアの背景を質問していくのです。相手はきっと気持ちよく話してくれるはずです。するとより深くそのアイデアの内容を理解できますし、会話も弾みます。そして、あなたの今後にもきっと役立つはず。

このひとことは、使う場面を意識してください。たとえば、社内のチームで仕事をしているときはシンプルに個人の賛辞として伝わります。しかし、社外の人たちがいるところで使うと、「会社」として思いつかなかった、と見られてしまうこともあります。プレゼンテーションやライバル社もいるコンペの場で発言したら、会社代表としての敗北宣言になることも……。**自分の立場を考えて使いましょう。**

029

# 誰にでもできることじゃないですよ。

お祝いでいただいた花束、
花瓶に活けておきました。

センスいいですね。

センスいいですね。

誰にでもできること
じゃないですよ。

あなただからこそできたスペシャルなこと、
というたっぷりの称賛。

## 能力だけでなく、努力や気づかいに対しても使える

さらりと他者をほめるのは、とても品を感じる行為です。しかしながら、ことばを選んだり照れくさくて躊躇しているうちに、タイミングを逃すこともしばしばです。

このちょい足しことばは、「ほめの程度」は大きい部類に入り、言われた相手は、じんわり熱いものがこみ上げるメッセージです。でも、口にしてみるとわかるのですが、不思議なことに、とても軽やかに発することができるのです。

能力やセンスに対してだけでなく、たとえば、会議後に乱れた椅子を整えている人、毎日お弁当を作ってきている人、夏休みを使って災害ボランティアに行ってきた人など、感心・称賛したくなる努力や気づかいにも使ってみてください。

これも使える

類義
ちょい足し
ワード

・あなたにしかできないことです。

COLUMN

# 「すごいですね」は思わず出てくるときに素直に

「この料理、先輩が全部ひとりで作ったんですか？すごいですね！」

「うわぁ、素晴らしい色づかい！　すごいですね！」

「すごいですね……。こういうものは初めて拝見しました」

　例文を挙げようとすると、キリがないぐらいに、頻繁に使われる「すごい」ということばですが、これはもう感嘆のことばとして短くシンプルに使ってください。意識的に使うと、わざとらしさが出てしまいます。短くてシンプルだからこそ、わかりやすいのでしょう。

以前、後輩が作成した素晴らしいデータ資料を見て、「わあ、すごい！」としか言えなかったことがあります。それほど「すごい」出来栄えだったのです。「これ、ひとりで作ったの？　すごい」と言ったら、とても恥ずかしそうに、でもとてもうれしそうに笑ってくれました。それ以来、自信を持って仕事に励みいい結果を残してくれたものです。

あまりにもシンプルなことばなので、ときには、もう少し「どうすごいのか」を説明したほうがいいのではないかと焦ることもありますが……。

心から反射的に飛び出した「すごい！」には、相手に伝わる力があります。なかには興奮して「すごい、すごい、すごーい！」と連発してしまっている人を目にすることがありますが、ほめられたほうも笑顔になって、まんざらではなさそうです。

使うのは、そんなふうに自然に出てきたときだけがいいな、と私は思っています。そうすることで、あなたが発する「すごい」の価値も高まるはずですから。

# 「はい」にプラスで効果倍増！

# 第4章

「はい」という返事だけでも伝わるけれど、ここでは、より相手を安心させることばを紹介します。物事がスムーズに進みますし、あなたへの信頼感も高まります。

また、相手に同意するときは、「いいですね」という評価にとどまらず、自分を主語にして伝えることが大事です。

# 〝返答・賛成〟の ちょい足し

030

# もちろんです。

総務部の引っ越しの手伝い、
申し訳ないけど、
お願いしますね。

はい。
しっかりお手伝い
してきますね。

はい、もちろんです。
しっかりお手伝い
してきますね。

相手の申し訳ないと思う気持ちをやわらげるよ。

## 使いすぎて「お調子者」に見えないように注意！

**依頼を快諾するとき、あるいは、当たり前のことをより力強く肯定するとき。「言うまでもありません」という場合に使えます。**何かをお願いしたときに、相手から「もちろんです！」と言われたら、「この人、頼れる！」と心強いですし、「悪いなあ」「申し訳ないな」「お願いしちゃってよかったかな？」という遠慮やうしろめたさも軽くなります。

「帰りに牛乳を買ってきてくれる？」「もちろんオッケーだよー」と、軽いニュアンスでも。「わざわざ気をつかっておっしゃらなくても、大丈夫ですよ」「あなたのために、しっかりやります」というニュアンスも含まれるので、相手をホッとさせることができます。何より、親しみが感じられますね。そうはいっても、使いすぎには気をつけて。「あの人、お調子者だよね」なんて見られてしまっては本末転倒です。

これも使える

類義 ちょい足し ワード

・お任せください。
・当たり前じゃないですか。

# 031

# 確かに承りました。

この請求書ですが、
入金をお願いしますね。

はい、かしこまりました。

はい、かしこまりました。
確かに承りました。

「ちゃんとやります、ご安心を」という宣言に。

## 自分も責任を確認できることば

「確かに」で、**相手がしっかりと受け止めてくれたという安心感が生まれ、**「承りました」をセットにすることで、「大丈夫、しっかりとやりますよ！」という意志が伝わってきます。

以前、スキー旅行の予約をしに旅行代理店に出かけたとき、担当してくれた若い女性スタッフが「はい、確かに承りました。以上のことは私が責任を持って、各所に再確認を入れておきます。どうぞお気をつけて行ってらっしゃいませ！」とていねいなおじぎをしながら見送ってくれました。その言動に、心の底から安心したのを覚えています。

このことば、実は発したほうにも効果が。声に出すことで、責任を持ってやらなければと相手との約束の内容を頭の中で反芻（はんすう）・再確認するため、とても大切なことばなのです。

これも使える

類義ちょい足しワード

・**承知しました。**

# 032

# 私も同じ気持ちです。

この表現だと誤解が
生じそうな気がするんです。

はい。
再検討しましょうか。

はい。
私も同じ気持ちです。
再検討しましょうか。

そっと相手の背中を
押すことができる。

## 「大丈夫ですよ、私もそう思いますから」というニュアンス

相手に共感や賛成の意思を示すちょい足しことばです。

001では、共感して相手を盛り上げることで、より話しやすくなる雰囲気をつくるひとこととしてご紹介しました。ここでは、**相手を励ます、背中を押すイメージ**の例です。

自信がなかったり、「もしかしたら反対されてしまうかな」と不安に思いながら話している相手に対して、**「いやいや、大丈夫」という思いを込めて**ことばに出して伝えると、相手もホッとしますし、「自信を持ってね」というメッセージにもなります。

このことばに限りませんが、少し照れくさくても相手の目を見て伝えてみてください。ことばに真心を込めると声やしぐさにも心が入り、効果が倍増するものです。

これも使える

類義
ちょい足し
ワード

・**私も同じ意見です！**
・**私も同感です！**

別の使い方は22ページへ！

033

# なるほど……。

事情はよくわかりました。

なるほど……。
事情はよくわかりました。

反論の意味を含んだ質問にも
つなげられるよ。

## 万能選手だけれど、乱発は避けたいことば

「なるほど」は、あいづちの万能選手。002では相手がもっと話したくなるよう促すことばとして紹介していますが、その目的によって語尾や語調が微妙に変わり、さまざまな使い方ができます。

たとえば、「なるほど、よくわかりました。では、次はどうしましょうか」という具合に、**それまでの経緯を確実に「理解した」ことを相手に伝え、質問や、ときには反論につなげる**役割。

また、トラブルが生じて状況説明を受けるような場面で、ゆっくりと「なるほど……。そうか、彼が腹を立てていたのは、そういうことだったんだね」と**深い納得と共感、ときには自分が誤解していたという気持ちを表す**こともできます。さらには**感嘆や感動を示すあいづち**にもなります。

ただ、目上の人には失礼になることも（とくに語尾は上げないようにしてください）。また、「なるほど、なるほど」とあいづち代わりに連発したり、「なるほどですね」という不思議な日本語は美しいことばづかいとは言えませんし、不快に思う人もいるでしょうから、避けるのが無難です。

別の使い方は24ページへ！

034

# いつでもどうぞ。

この資料、もう一度見て、
またわからなければ
聞いてもいいでしょうか。

はい、構いません。

はい、構いません。
いつでもどうぞ。

いつでも待ってますよ、と言われると
頼もしいよね。

## あなたのペースでいいですよという安心感を

すぐに理解したり対応したりできないとき、もう一度ゆっくり考えたいとき。あるいは、いったんは理解したり納得もしたのだけれど、もしかしたら、また疑問が出てくるかもしれない、ちょっと不安……という場合に、**相手が、「いつでも〝窓口〟は開けていますよ」という態勢でいてくれると思うと、気が楽になります。**それに、じっくり考えることもできるでしょう。

だからこそ、「はい」のあとに添えたいちょい足しことばがこれです。

相手のペースを気づかうことばなのですが、何か物事を進めるときには、お互いに納得したうえでできたと感じることができるので、その後がスムーズですし、相手が安心感を持つので、関係性もよくなります。

つまり、あなたにとってもやさしいひとことなのです。

実際には、「いつでも」というわけにはいかないのですが、「いつでも」と言われたら、多くの場合は、相手もあなたの都合を自然と配慮してくれるでしょう。自分のペースでいいんだ、いつでも大丈夫なんだという支えがあると、人は心に余裕が持てるようになります。

035

# 賛成です。

この5つの案のなかで、
私はA案で進めるのが
いいと思うのですが……

はい！
A案でいきましょう。

はい！
賛成です。
A案でいきましょう。

「いい考えです！」「私も一票！」
という感情。

## 相手の自信にもつながる

032の「私も同じ気持ちです。」同様、相手と同じ意見であるという意思表示を、よりストレートに。「同じ気持ちです」よりも直球できっぱりとした強さが感じられます。

また、「同じ気持ちです」は、相手が発言する前から自分もそう思っていたというニュアンスが含まれますが、「賛成です。」は、その場合ともう一つ、相手の話を聞いて「自分も一票入れたいと思った」という場合に使えます。

**「決して同調したり、気をつかっているわけではなくて、私も自分の考えとして、それがいいと思っている」といったはっきりした意志表示**でしょうか。ですから、言われた側も、この人と自分は同じ方向を目指しているんだと自信を持てますし、うれしい気持ちにもなるでしょう。

もし、疑問がある場合は「大筋は賛成です。ただ一点だけ、2番目の項目にあるスケジュールについて、もう少し詳しくご説明をお願いできますか?」という具合に、まずは賛成であることを伝えましょう。すると、相手も穏やかに、落ち着いて説明ができるはずです。

# 036
# 喜んで

今の部屋が気に入っているので、
引っ越し先も江藤さんに
探していただきたくて。

ありがとうございます。
では、私が担当いたします。

ありがとうございます。
では、**喜んで**
私が担当いたします。

気持ちよく承ってくれた
と感じてもらえます。

## 「負担をかけてないか」という心配も払拭する

相手の指名・依頼に応じようとするとき、印象がだんぜん変わるひとことです。

「私でお役に立てるなら、ぜひ！」「ご指名くださって、光栄です」「信頼してくださって、うれしいです」「ご期待に応えたいです」という**こちらの心の内をあたたかく伝えられる**ので、私も大好きなことばです。

「了解です」「承知しました」「いいですよ」だけでは、なんだかちょっと素っ気ない。

「では、お引き受けします」というのも、人によっては事務的な印象を受けるかもしれません。

シンプルにやる気を伝えたい。そんなときにぴったりです。

何より、相手に**「ああ、この人にお願いしてよかったな」とホッとしてもらえる**のがうれしいですね。

また、相手が、これをお願いすることで負担をかけていないだろうか、迷惑じゃないだろうかと心配する可能性がある場合は、このひとことで、「心配ありません」と伝えることもできます。

# 037

# おことばに甘えて

あとはやっておくから、
たまには早く帰ってくださいな。

おそれいります。
それでは、
お先に失礼します。

おそれいります。
それでは、
おことばに甘えて
お先に失礼します。

当たり前のことだとは思っていない
と伝わるよ。

## 厚意は、このことばでありがたく受け取る

気づかってくれる相手の申し出を、感謝の気持ちとともに「おことばに甘えて」受け入れます。何かを譲ってくれたとき、役割を代わってくれたとき、自分がすべき負担を相手がしてくれたときなどさまざまな場面で使えるひとことです。

少し硬い表現にはなりますが、「ご厚意に甘えて」も同じ意味で使えます。こちらは、メールの返信などの書きことばで、より使いやすいですね。

「今日はいいから、帰りなさい」「いえ、まだみなさんいらっしゃいますし……」という具合に、「おことばに甘えて」に至るまでには、ちょっとした譲り合いがあることでしょう。でも、これを長引かせるのは、せっかく気づかってくれた相手に失礼です。

**あなたが一旦は遠慮しても、相手がもう一度言ってくれたなら、先方の提案をありがたく受けましょう。そのほうが、相手もすっきりと気持ちがいいですよね。**

こんなふうに「おことばに甘えて」は、お互いの思いやりで心があたたかくなることばです。

COLUMN

# 最強のちょい足し仕草、「うなずき」と「アイコンタクト」

相手の話に「うん」と首を縦に振るうなずきは、「聞いていますよ」という会話のスタートのサインです。ふだん何気なくやっていますが、とても大切な仕草の一つです。

こんな実験があります。Aさんがいくら話しかけても、聞き役のBさんは目は合わせるものの一切うなずかないようにします。すると、10秒もしないうちに「ね、聞いてるのっ?」とAさんが怒って話を止めてしまうのです。それぐらいうなずきって大切。

最近は、オンラインでのリモート打ち合わせも増えて、うなずきがますます重視されるようになった一方で、意識しすぎてうなずきの回数が増えてしまって疲れるという声も聞かれます。

これには、ちょっとしたコツがあるのです。それは、相手の話の勢いに合わせるということ。すると、会話がスムーズに流れるのがわかります。

相手が「あのぉ、まあ、そう言うことでね」などとゆったりした話し方であれば、あなたもごく自然に「うーん」といったテンポでゆったりと。また、「ちょっとちょっとそれでね！」と勢い込んでいる相手には、身を乗り出して「うんうん」とうなずきます。

これがうまくかみ合った場合、「あの人とは息が合う、呼吸が合う」といいますね。うなずきのリズムを合わせるという「仕草のちょい足し」を心がけると、会話も続き、あなたの強い味方になってくれるはずです。

そして、必ず視線を合わせるアイコンタクトを忘れずに。

そうそう、嘘をつくときって相手の目を見ることができませんね。だから、すぐばれます。

相手の目を見て話すのは、「私とあなた」というふたりの関係性を結ぶ基本なのです。

# 第5章 思わず引き受けてしまう

相談したりお願いするとき、相手はあなたのために時間や労力を使ってくれるわけです。

だからこそ、もっとも大事なのは相手の状況に対する気づかいと、「あなただからこそ」という思い。

そんなふうに頼りにされたら、きっと親身になってくれるはずです。

# 〝依頼・相談〟の

# 可能でしたら

今週中に
手続きをしていただけると
助かります。

可能でしたら
今週中に
手続きをしていただけると
助かります。

無理なお願いはしたくない、という気持ちで。

## 「不可能」という選択肢も心得ておく

人に何かを依頼するとき、「これ終わったら○○部に提出しておいて」と一方的に命令調で話すタイプや、「作業が正確で早いあなたなのでお願いできますか?」と相手のやる気を引き出すタイプなど、さまざまな人がいます。依頼を受ける側は、気持ちよく引き受けられれば、ますますはかどります。「命令」スタイルでは、人は心から動いてくれません。

相手の事情を汲んだうえでお願いするのであれば、「可能でしたら」のひとことを。「ご無理のない範囲で」というニュアンスも伝わります。

ただ、**ことば通り「可能であれば」なので、相手の都合上難しければ、先に延びる可能性もあります。期限や締め切りがシビアな場合には適さない表現です。**

また、しばしば「無理ならいいのですが、今週中に仕上げていただけると助かるんですよね」という依頼の仕方を耳にします。これでは「お願い」の意味が薄れますし、相手は信頼されていないのではと感じてしまいます。

依頼する内容にもよりますが、代わりに「決して無理はしていただきたくない(してほしくない)のですが」という表現を使うと、気づかいも伝わります。

# 039

## お手すきの際に

前もって資料をお送りしますので、
お目通しくださいますよう
お願いいたします。

前もって資料をお送りしますので、
お手すきの際に
お目通しくださいますよう
お願いいたします。

ちょい足し！

都合のよいときに、という前置きになるよ。

## お願いするときの超基本マナーとして

「お手すきの際に」には、相手の都合を考えた「心づかい」が感じられます。

たとえば、上司や取引先の相手と打ち合わせをする前に、資料を見ておいてほしい場合、会議で議論する前にひととおり概要を参加者全員に共有しておきたい場合などに使えます。そもそも、事前に資料を読むことが相手にとっては多少なりとも負担になるため、少しでも、相手の都合に合わせたいということを伝えています。

「手すき」（手隙）とは「作業の区切りがつくなどして、手が空いていること」を意味します。ですから、**お手すきの際にお願いするのは「今はお忙しいなら、ひと段落ついたところでかまいませんので」ということ**。このように言われると、先方も「仕事の合間にチェックすればいいんだな」と気が楽になります。

「お暇なときでかまいませんので」と言う人もいますが、「暇」と言われると、「いや、暇なときなどないんだけどなぁ……」と感じる人もいます。

依頼の場合は、相手に気持ちよくやってもらうことが大事ですので、ちょっとした気づかいを忘れないでおきたいですね。

040

# おそれいりますが

席をつめていただけますか？

おそれいりますが
席をつめていただけますか？

申し訳ない気持ちが、
大袈裟でなく品よく伝わる。

## 感謝やおわびにもちょい足せる！

依頼することを恐縮しつつ、それでもお願いしたいときに、どんなひとことを添えていますか？もっとも普段使いされていることばが「すみません」ではないでしょうか。「すみませんが、席をつめていただけますか？」とは、よく使いますね。

**「おそれいります」は、「すみません」よりも、さらに強く、相手に多少の面倒や迷惑をかけることへの申し訳なさが含まれます。**よく似た、「さしつかえなければ」は相手に選択を委ねる印象を与えますが、「おそれいりますが」は、軽く頭を下げて「どうかお願いします」というニュアンスです。

品を感じられることばなので、例文のような電車内を想定したようなところから、取引先や来客、上司など目上の相手にも躊躇なく使えます。

さらに、「まことにおそれいります。ありがとうございました」「おそれいります。大変失礼いたしました」と、感謝やおわびにもプラスできるところが、このことばのすごいところ。「すみません」より、グッと洗練されます。

041

# お目通しいただけますか。

先日の書類を転送いたします。

先日の書類を転送いたします。お目通しいただけますか。

依頼を受け止めてもらうために、
してほしいことは伝えよう。

## ちゃんと頼まれたほうが、放置されないし、気持ちいい

ひととおり目を通していただきたいという要望をていねいに伝えることばです。ちょい足し前の例文では、書類を転送すると言えば、見てほしいことは相手もわかるでしょうという期待は持ちつつも、受け取ったものをどう扱うかは相手任せのようでもあります。してほしいことは、曖昧なままにせず、ちゃんとことばにして頼むほうがお互いにとって安心です。ただ、疑問形にすることでソフトになります。

さらに、**目的や期日を具体的に加えることが大切です**。何月何日といった明確な日付がわからない場合は「だいたい今月中に」などと目安だけでも伝えたほうが、相手がスケジュールを立てる上で、親切です。

また、応用編として、先方が見てくれたかどうかをたずねる際には「先日の資料には、お目通しいただけましたでしょうか」という表現もあります。「見ていただけましたか?」と聞くより、何倍も好印象です。

# 042

# お忙しいところ申し訳ないのですが

ちょっと打ち合わせできませんか。

お忙しいところ申し訳ないのですが
ちょっと打ち合わせできませんか。

自分の都合でお願いするときは、
相手の状況への配慮も忘れずに。

## 見るからに忙しそうなら待とう

相手の作業の手を止めて、何かをしてもらいたいとき。中断させて、お時間をいただいてしまって申し訳ないという気持ちはことばにしましょう。

こちらの配慮を伝えれば、相手も「忙しいけれど、聞いてあげようかな」と、あなたのお願いに配慮しようという気持ちになるもの。

ビジネスの場面だけでなく、友達や家族に対しても「忙しいところちょっとゴメンね。これ、お願いできる？」という具合に使えます。

ただ、**依頼する内容はその場で声をかけるレベルのものに留めましょう。**込み入った内容の依頼、一筋縄ではいかない案件なら、事前にアポイントをとったり、その場では「お手すきのときにあらためてお願いしたいことがあります」とだけ伝えるに留めます。

また、相手が少しの余裕もないぐらいに忙殺されている場合は、声をかけること自体のタイミングを待つことも大切。「いや、忙しくないよ」と返ってくるぐらいの様子を見計らうのがベストです。

043

# お手数をおかけしますが

こちら、チェックを
よろしくお願いします。

お手数をおかけしますが
こちら、チェックを
よろしくお願いします。

相手のかける手間に敬意を払おう。

## 決まり文句なのに気持ちの負担が軽くなる

「手数」を辞書で調べると、「施す手段の数」（西尾実ほか編『岩波国語辞典第八版』岩波書店）とあります。つまり、相手にいくつかの工程を踏んでもらう可能性があるということです。「ちょっと面倒なお願いなんだけど……」というニュアンスで、前もって相手がしてくれることへの敬意を伝えることにもなります。

メールでもよく使われる決まり文句ですが、これだけで、言われたほうは気持ちの負担が軽くなるから不思議です。

**相手に依頼した作業の内容が、あなたから見て面倒で手間がかかるものかどうかは関係なく使ってください。**相手の感覚や状況は、必ずしもあなたと同じではないからです。

同じ意味で「お手数ですが」という言い方もありますが、こちらは「お手数をおかけしますが」よりもカジュアルです。相手や場面で使い分けましょう。

よりていねいに伝えるなら「お手数をおかけして恐縮ですが」と言うこともあります。

依頼を遂行してもらったら「助かりました、どうもありがとうございました」と謝意を伝えることを忘れずに。

044

# もしよろしければ

このあと、お茶でもいかがですか?

もしよろしければ
このあと、お茶でもいかがですか?

相手が断りやすくしておくのも、
気づかいです。

## 誘うときはプレッシャーをかけない

お誘いやお願いごとをする際、相手にも事情があるので、断ることに心理的負担を感じさせないように考えたいものです。このちょい足しことばがあると、相手も「ノー」が言いやすくなります。

「もしよろしければ、お目通しくださいませ」と資料を手渡せば、**「何がなんでも！」というほど強くなく、それでいて「別に、どちらでもいいけど」というほど適当でもない。ソフトな印象ながら、しっかりと「お願い」になっています。**押しつけがましくないのがこのちょい足しのいいところ。

くだけた関係性なら、丁寧語ではない「もしよかったら、ちょっとお茶していかない？」も、よく使いますね。「もしよかったら」がひとことあるので、相手が「あ、ゴメンナサイ。このあと用が……」と言いやすく、便利なひとことです。

また、自分の領域を相手側に広げたり「おすそわけ」する提案にも、「もしよろしければ」が活躍します。たとえば、「もしよろしければ、私のペンをお使いください」「もしよろしければ、この本お貸ししますよ」となります。

## 045

# おさしつかえなければ

ご連絡先を教えていただけませんか。

おさしつかえなければ、ご連絡先を教えていただけませんか。

相手が言いたくなかったり、
断りたい可能性が想定される場合に。

## 「自分の領域」の広さは人によって違います

とくに、プライベートな情報をたずねるときのように、**相手の「領域」に踏み込む可能性がある、相手にもしかしたら不都合がある、拒否したいかもしれない状況でのお願い（質問）やお誘い**にちょい足ししてみてください。

「もしよろしければ」と同様に相手が断りやすい空気をつくるための気づかいのことばですが、相手にとってよりデリケートな場面で使います。

たとえば子どもの頃のことや家族についてたずねたり、愛読書や着ている服・持ち物のブランドを聞いたり、特技や作品を見せてもらいたい場合にも最適です。「おさしつかえなければ、○○さんの高校時代の思い出をお話しいただけませんか」「おさしつかえなければ、○○さんの絵を見せていただけませんか？」というように、相手の都合に配慮します。また、相手に関することを、業務上の必要があって関係者に共有したいときに、「おさしつかえなければ、○○さんのメールアドレスを弊社の○○に伝えてもよろしいですか？」といった使い方もできます。

これなら、もし相手が話したくない場合でも「すみません。ちょっと事情があって……」という具合に、相手に返答を選んでもらうことができます。

# 046

## たびたび

はい、A社広報部です。

おそれいります。
B社の宮田と申しますが、
〇〇さんは
お戻りでしょうか。

ちょい足し！

たびたびおそれいります。
B社の宮田と申しますが、
〇〇さんは
お戻りでしょうか。

おわびとお願いを両方強調できる、
すぐれもの。

## 急ぎの用事であることが伝わる

電話をかけた相手が不在だったり別の電話に出ていて、かけ直すことはよくあります。その際、「おそれいります」に「たびたび」をつけるだけで、たまたま電話を受けた相手であっても、多くの場合、「この人は何度もかけてきてくれているんだ」と、「なんとかしてつないであげなくては」と感じてくれるものです。

低姿勢でありながらも、「何度かかけていて、できるだけ早く話したい」ということが伝わります。やんわりとプレッシャーをかける効果があるのです。

その後、晴れて話したい相手とつながったときは、「お忙しいところ、たびたび申し訳ありませんでした」という具合に会話を始めれば、先方の職場の方々の対応への感謝も伝わり、相手も、「こちらこそ大変失礼しました」とおわびを伝えやすくなります。

不思議に思われるかもしれませんが、**大事(おおごと)でなければ、相手があなたに対して負い目を感じるようなシチュエーションでは、さらりと謝りやすいタイミングを用意できるのもスマートなコミュニケーションなのです。**

047

# 念のため

お電話番号を
おうかがいできますでしょうか。

念のため
お電話番号を
おうかがいできますでしょうか。

一度聞いたことを忘れてしまっても、
これで大丈夫。

## 誰だって忘れたり聞き漏らしたりするからこそ

電話番号や正式な部署名、次回のアポイントの時間や場所のビル名……。

うっかり聞きそびれていたり、失念したり、メモした紙を紛失してしまったり……。あるいは、確認をしたいけれど、何度もやり取りをしている相手に対して「今さらそれを聞くの？」と思われるのが気まずいことなど、仕事をしていると日常的にあるものです。

そんなときに、「念のため」は便利なひとことです。「念のため、ご連絡先を教えていただけますか？」と言われれば、「間違いがあってはいけないから」という「再確認」のようにも聞こえます。

よく使われるので、相手も「忘れたのかな？」とわかるかもしれませんが、「忘れたのでもう一度教えてください」と聞かれるより、ずっと気持ちよく教えてくれるでしょう。これが日本語らしさです。忘れたと言うと、相手を軽んじている印象になってしまうので、たとえそれが正直なところであっても、敬意とおわびの気持ちを忘れないでいたいもの。

でも、**あまりにもたび重なって、「念のため」は失礼なので、気をつけて**。

# 048

# 少しお時間をいただけますか？

こちらで進めて
よろしいでしょうか。

今すぐ決めることができなくて。

今すぐ決めることができなくて。

少しお時間をいただけますか？

お待たせすることを、お願いする
という意味になるよ。

## 大事なことだから悩んでいるとわかる

相手に選択や決断を迫られたり返答を求められた場合に、考える時間がほしいときに使うちょい足しことばです。相手に「待っていただくお時間をください」というニュアンスですね。

「すぐには判断できないんですが……」「えっ、どうしようかな……」と煮え切らない態度をとるより、丁重に「少しお時間をいただけますか?」と断ってからきちんと検討するほうが、お互いスッキリします。

**優柔不断なのではなくて、きちんと決める意志があり、ここまで相手と話をしてきたプロセスをないがしろにしていないことがわかります。**

さらに、「1週間」「3日」など具体的に待ってほしい時間や日数を伝えると、相手はさらに安心です。その際、時間通りに返事をするのがマナーであることは、言うまでもありません。

応用編ですが、お店で店員さんに長い時間をかけて相談に乗ってもらったり、いくつか試着をしたりして、その場で買わずにお店を去りづらいときがあります。そんなときにも使えます。

# 049

# 今、お時間よろしいですか？

この資料のチェックをお願いしたいのですが。

今、お時間よろしいですか？
この資料のチェックをお願いしたいのですが。

声をかけるときの習慣にしたいことば。

## 相手が見えない電話でも使える

自分自身のことを考えてみればわかりますが、忙しそうに見えなくても、相手にも都合があります。とくに職場で声をかけるときに使いたいちょい足しです。

ただ、**相手に「言ってもいいタイミングかどうか」の見極めが大事。このことばを使えば、いつでも話しかけてOKなわけではありません。**

以前、頭から湯気を出さんばかりの勢いで、急ぎの仕事をしていたときのことです。「今、お時間よろしいですか？」と、後輩が私のデスクに来ました。私に余裕がないのは一目瞭然だったはず。でも、自分の都合で頭がいっぱいで、肝心の相手が見えていないのです。「もう！　無理に決まっているじゃない、見ればわかるでしょ！」と言いそうになるのをこらえました。

相手のタイミングを読みとるのは、簡単ではないかもしれませんが、見てわかるときは遠慮して次の機会を待ちましょう。

また、電話での「今、お時間よろしいですか？」も、定番のちょい足しことばです。「××社の○○です。お世話になっております。おたずねしたいことがあるのですが、今、お時間よろしいですか？」という具合ですね。

# 050

## もし何もなければ

このまま直帰して
よろしいでしょうか？

もし何もなければ
このまま直帰して
よろしいでしょうか？

「何かあれば、戻ります」
という意思も伝わるよ。

## 「お先に失礼します」の3ステップ

外出先で、その日の業務が終了し、帰社するには中途半端な時間だし、「このまま帰宅したいなぁ」ということがあります。そんなとき、上司などに連絡する際は、次のような3つのステップを踏みましょう。

1. 仕事が無事に終わったという報告をする。
2. 自分が対応しなくてはいけない仕事や、留守中の伝言などがないかを確認する。
3. 問題がないようなら、「よろしいでしょうか？」とおうかがいをたてる。

「打ち合わせが終わりましたので、直帰します」と言うのは一方的な連絡という印象になります。勤務時間内であればなおさらですが、**上司に許可を取る必要がない時間帯であっても、このちょい足しことばを使うことで「会社の状況は気にかけています」という責任感が伝わります。**

## 051

# ぜひ○○さんに

次回の発表会で、
スピーチをお願いしたいのですが……。

次回の発表会で、
ぜひ石井さんに
スピーチをお願いしたいのですが……。

ほかに代わりがいないという思いが伝わると、
嫌な気持ちはしないよ。

## 伝えたい相手の名前を呼ぶ

「どうしてもこの人じゃなければだめだ」「何がなんでもこの人にやってもらいたい」という思いは、わかりやすくストレートに伝えるのが一番です。

「ぜひ」というひとことには、相手に対する信頼と期待がぎっしりと詰まっていて、**「ぜひ○○さんに」と素直に伝えれば、相手もストレートに受け止めてくれるはずです。**そこまで頼りにしてくれたら相手もうれしくなり、「よし、がんばってみようかな」という気持ちに。

ただ、気持ちが強いあまり、押しつけのようになったり、相手にプレッシャーをかけるような言い方には要注意です。たとえば、「○○さんを見込んで」といった表現は、対等な立場であれば上から目線と受け止められたり、目上の人から言われると、やや重く感じられることもありそうですね。

頼まれる相手の気持ちを想像して伝えることが何より大事。このひとことは、言われたらとてもうれしいものですよね。そして何よりも、自分の名前を呼ばれることがプライドを満たし、うれしい気持ちになるものなのです。

## 052

# ご検討だけでも

心苦しいのですが、
そのご予算では厳しいかと……。

なんとか
お願いできないでしょうか。

なんとか
ご検討だけでも
お願いできないでしょうか。

感情に訴えて押し切ろうとしている印象を
避けられるよ。

## 相手に「それならできるかも」と思わせる

なんとか食い下がりたい、あと一歩がんばりたい、あきらめたくない！

そんなときは、**「そこをなんとか」といったざっくりとしたことばだけで訴えるのではなく、「ご検討だけでも」「資料にお目通しいただくだけでも」など、「ここだけでも」というポイントを強調します。**

そうすることで、ゴリ押しされているという圧力が軽減され、例文で言えば、その予算で押し切ろうということではなくて、何か別のアイデアを考える余地があるかもしれないから、という相談に聞こえてくるものです。

すると不思議なもので、先方も「じゃあ、もう一度見直してみてもいいかな」という気持ちになるもの。他の方法や折衷案を提案してもらえる可能性を残せるかもしれません。

ことばだけでなく、「ありがとうございました」とさわやかに頭を下げるフィニッシュまでを、熱意で通してください。

# 053

# お知恵を拝借できませんか。

小林さん、
ちょっと相談事があります。

小林さん、
ちょっと相談事があります。
お知恵を拝借できませんか。

相手の心理的ハードルが下がり、
話を聞こうという気分になるかも。

## 自分で役に立てるなら、という気持ちになる

真剣な面持ちで突然「相談があるのですが……」と言われたら、誰でも身構えるのではないでしょうか。「相談事」は、する側もされる側も、少なからず緊張するものです。

そこで、「お知恵を拝借できませんか」をちょい足ししてみましょう。こう伝えることで、あなたの相談は、相手の考えを聞きたいという要望だということに絞られ、さらに相手をそういう意味で頼りに感じているということも伝わります。

すると、相手もことさらに身構えることなく、「私で役に立てることがあるなら」「自分でよければ」という気持ちになるもの。

さらに、**このちょい足しことばの直前に「〇〇について」など、相談の内容を明かすのもおすすめ。相手も心の準備ができます。**

これも使える

類義ちょい足しワード

・ご意見をうかがえませんか。
・アドバイスをいただけたらうれしいのですが。

054

# 一緒に

ここは、どうすれば
いいでしょうか？

まずは自分でやってみて
いいですよ。失敗したら、
また考えましょう。

まずは自分でやってみて
いいですよ。失敗したら、
また一緒に
考えましょう。

私がついているよ、というエール。

## 「いざとなったら味方がいる」という安心を贈ることば

不安なとき、失敗しそうなとき、何かに挑戦するとき。

いざとなったら、誰かが助けてくれる、待っていてくれる、味方でいてくれるとわかると、一体感と安心感に満たされ、それがパワーになって、より、のびのびと行動ができたり、実力を発揮できるものです。

**「一緒に」やることが、お互い、暗黙のうちにわかっていたとしても、あえて「一緒に」とことばに出すことで、相手は、あたたかい気持ちになる。そんな力のある不思議なひとことです。**

意味は異なりますが、よく似た効果があることばとしては、「いつでも」があります。

「行きづまったら、いつでも聞いてください」「わからないことがあれば、いつでもメールしてくださいね」「疲れてしまったら、いつでも休憩をとってください」といった使い方をします。

そして、このちょい足し、不思議なことに、発したほうも一瞬で懐が深くなるんです。口にしてみると、相手に頼られているような気持ちになりませんか。すると、自分は相手を信じて待っているんだ、と再認識することにつながって、信頼感が深まっていくのです。

暗示のようですが、ことばって、不思議ですね。

COLUMN

# 無言からのちょい足し

先日、友人からこんな話を聞きました。病院の待合ソファで順番を待っていたら、診察を終えた患者の女性から、「お先に！」と声をかけられたそうです。体調もすぐれず、初めて行った病院で緊張しながら、長時間待たされて疲れていたのに、一転、とても清々しい気持ちになって、思わずとびきりの笑顔で会釈したような気がする、と。

また、別の知人は、デパートで試着室から出てきたところ、たまたま居合わせた見知らぬお客さんが「あら、素敵ね！」とにっこり。ちょっとデザインが奇抜すぎかな、と迷っていたものの即購入、それ

を着ると気持ちが華やぐそうです。

私も以前、ホテルの化粧室から廊下に出ようとしたところ、若い女性と正面衝突しそうになりました。すると、その方は、「あ、失礼！」と言って、会釈して「どうぞ！」の一言とともに、私を先に通してくれたのです。

こんなふうに、とっさの、ほんのひとことが、相手の小さな幸せになることがあります。これが、「無言からのちょい足し」です。

このエピソードのように、まったく知らない人に話しかけるのは、なかなか勇気がいりますが、ささやかなひとことで、日常にほっと温まるひとときが増えていきます。

もちろん、いつも顔を合わせている間柄でも、「無言からのちょい足し」は使えます。

感染症対策で会話を最小限にする日々がつづいたせいで、こうしたひとことを発する感覚が失われてしまっている気がします。

何も言わないほうがいい場面もありますし（「そのひとことが余計！」と言われたり……）、話しかけてトラブルになりそうなことは避けるべきですが、ちょい足しことばを実践していくうちに、どんなときに無言からのちょい足しが小さな幸せにつながるか、センスが磨かれるはずです。

# 雰囲気が悪くならない

# 第6章

意見や考えの表明や反論は、とても緊張します。言い方やタイミングによっては、誤解されることも。せっかくなら、相手に純粋に耳を傾けてほしい。できれば意見を採用されたい。そのために、相手に〝聞く態勢〟をつくってもらうひとことです。

# 〝意見・提案・反論・質問〟の

055

# ○○といえば

これからは、わが社も、
異業種参入に目を向けて
行こうと思っているんです。

いいですね！
御社はワーケーションを
導入されていますか？

いいですね！
異業種参入といえば
御社はワーケーションを
導入されていますか？

自分の頭の中ではつながっていても、
相手には唐突かも……！

## 話題を変えるときは相手に予告しよう

スムーズに自然に話題を変えるちょい足しことばです。**全く別件を持ち出す場合ではなく、相手の話を広げて、会話をさらに一歩前進させるときに使えます。**連想ゲームのように相手の話のなかのひとことをひっぱり出して使う手法なので、全く関連性のない話題に転換するときは、「**話は変わりますが**」がよいでしょう。

突然話が飛ぶと、相手は戸惑います。あなたの頭の中で、前の話題から連想された話題である場合、相手は関連性をすぐに想像できないことがあるからです。とくに、相手の話題を突然遮断しないようにしたいものです。

これも使える

類義 ちょい足しワード

- 話は変わりますが
- よくわかりました。では、○○についてはいかがでしょうか。
- 今のお話で思い出したことがあるのですが

056

# たとえば〜というのはいかがですか？

前川さんが選んで、私が発注しますか？

前川さんが選んで、私が発注する

たとえばというのはいかがですか？

「あくまで一案ですけれど」と
押しつけを回避できるよ。

## 人は相手に決められることを好まない

会議や議論の場において「こんな意見や考えもありますよ」と提案する際に、あなたの決めつけや押しつけと受け取られると、場がピリッと緊張してしまいます。

「たとえば」ということばは、**自分が述べているのは、あくまで一つの意見や案であって、相手の選択肢を増やすのに役立ててもらったり、この提案をさらに広げたり、アレンジしたりしてもらえたら、という柔軟性がある**ことを示します。

さらに「いかがですか?」と問いかけることで、ボールを相手に渡します。

自分のアイデアを採用してほしいときであっても、こうした表現のほうが、相手も受け入れやすいし、検討しようかという気持ちになり、ほかの人が意見を出しやすい提案になります。



これも使える

類義 ちょい足しワード

- ちょっと別の角度から考えてみたのですが
- ひとつご提案なのですが

# 057

# 私見ではありますが

伊賀さんは、チームの定例会議について、どう思われますか？

現状の内容であれば、毎週でなく隔週でもいいんじゃないかと。

私見ではありますが

現状の内容であれば、毎週でなく隔週でもいいんじゃないかと。

個人的な意見だから却下も想定済みですよ、というわきまえ。

## はっきり言いたいときにこそ

**「あくまで一案です」という意味の控えめな前置きをしながら、自分の意見を嫌味なく伝えることができます。** 意見を求められたときだけでなく、自分から意見を伝えたいときにも使えるひとこと。反対意見が想定されそうな自己主張をするときに、よく使われます。

「自分の意見は、全部私見じゃないの?」と聞かれることがありますが、それでも「それを自覚していますよ」とわざわざ伝える意味はあります。このひとことを加えるだけで、「ほかの人の意見も尊重したうえで(するつもりで)、発言しています」とアピールできるからです。

あなたの発言を否定することを目的とした「それ、あなただけの考えじゃないの?」「根拠あるの?」というツッコミも回避します。



これも使える

類義 ちょい足しワード

- 個人的な意見で恐縮ですが
- 私の考えにすぎませんが

# 058

# ○○さんがおっしゃるように

そうですね。そのスケジュールで行きましょうか。

そうですね。松本さんがおっしゃるようにそのスケジュールで行きましょうか。

周りの人に、誰のアイデアかを
強調する意図もあるよ。

## 自分の意見も言いやすくなる

**相手の意見を尊重し、同意を示す**ちょい足しことばです。こう言われたら、相手も「ちゃんと自分の考えを汲んでくれている」とうれしくなりますね。

話し合いを円滑に進めるために、もっとも大切なのは、相手の意見を尊重すること。「○○さんがおっしゃるように」とさりげなく会話にいれることで、それが先方に伝わるのです。

また、その場にいる自分と相手以外の人たちに**「このアイデアを出してくれたのは○○さん」だと強調して、発案者を称える**ことにもなります。

また、**自分の提案をスムーズにつなげて発言する**こともできます。例文の後に「念のため、予備日を2日ほど取っておくといいかもしれません」と、いった具合でつづけます。

相手も、自分の意見をきちんと聞いてもらっていることがわかるので、きっと好意的に耳を傾けてくれるでしょう。

ただし、使いすぎには注意。相手の意見に同意したり迎合してばかりで、自分の考えがないように見えてしまいます。ここぞというときに、さりげなくがコツです。

059

# 少しだけ お話しさせていただいて

この件について、
ほかにご意見のある方は
いらっしゃいますか？

すみません、
よろしいですか？

すみません、
少しだけお話し
させていただいて
よろしいですか？

少しお時間をいただけますか、
という許可を求める意味になるよ。

## 「少しなら」と相手が聞く気持ちになる

とくにそこにいる人たちの時間を頂戴して、自分の意見を聞いてもらいたい場合に、前置きとして、おすすめのちょい足しことばです。

**お願いをしながらも、会話の主導権をしっかり得られるのが、この表現のいいところです。**「少しだけ」と相手に負担をかけたくない意思があるひとことや、「お話しさせていただく」と相手にゆるしを乞う謙虚さで、**威圧感は与えません。**

相手から「どうぞ」と了承を得たら、あとは自分の考えを落ち着いて話せば、耳を傾けてもらえるでしょう。

「少しだけ」と断ったからといって焦って早口になっては本末転倒です。あまり長くなりすぎると聞く側の集中力を削ぎますが、このちょい足しによって聞く態勢になってくれているはずですので、安心して話しましょう。

議論の場が煮詰まったとき、誰も発言せずに沈黙がつづいたときなどに、重い空気を一変させる効果もあります。

# 誤解を与えてしまったかもしれませんが

この文書ですが、目を通しておけばよいのですよね。

変更点の記入までお願いしたつもりでした。

誤解を与えてしまったかもしれませんが変更点の記入までお願いしたつもりでした。

ちょい足し！

お互い冷静に、行き違いを解消できるよ。

## 相手の勘違いを責めない

行き違いや勘違い、聞き間違いを指摘したり抗議するような場面で、もし自分は何も間違っていなかったと思っていても、感情的に頭ごなしに「相手が100%悪い」という言い方は避けたいものです。

自分が気づいていないだけで、伝えた際に、相手が勘違いする要素があった可能性をおわびしつつ、相手の勘違いをやんわりと指摘、**「詰問」にならずに「どこが」「どのように」間違っているかを具体的に伝えることができます。**冒頭に「もしかしたら」をさら足ししても効果的です。

感情は声に正直に出ます。口先だけでなく、勘違いはお互いさま、の謙虚さを忘れないでくださいね。

これも使える

類義
ちょい足し
ワード

・**当初のお約束とは○○の点が違うようですが**
・**私は○○と認識していたのですが**

061

# おっしゃることは よくわかるのですが

その方法では、
間に合わなくなってしまいます。

おっしゃることは
よくわかるのですが
その方法では、
間に合わなくなってしまいます。

相手の立場ももちろんわかります、と
一度相手側に立つ。

## 自分の事情を想像してくれたかどうか、が大事

相手は明らかに無茶を言っている。どうしても受け入れることはできない。そんな場面で不毛な言い争いを避け、相手にもそれなりに納得して引いてもらう最大のコツが、まず「相手を受け止める」「相手の立場や心情を想像する」ことです。**口先だけでなく、相手側に一度立ってみると、それは相手にもちゃんと伝わります。**

そのあと、自分の意見につなげていくと、今度はあなたの側の立場や心情を相手も想像してくれる可能性が高くなります。自分が正しい、自分の考えを通したい、こうしてもらわないと困る！と一方的に主張するのではなく、「お互いにいい結果を目指しましょう」という姿勢を見せることが大切です。

これも使える

類義
ちょい足し
ワード

・ここは**意見の分**かれやすいところですが
・**お立場上**、そうおっしゃるのはよくわかりますが

062

# おことばを返し、失礼ですが

来週までにお願いしておいた仕事、今日中にやってくれないかな？

そのご指示はちょっと納得できません。

おことばを返し、失礼ですが、そのご指示はちょっと納得できません。

カチンと来ても、このひとこと。

## 建設的に異議を唱えるために

相手の意見や指示、業務命令などに不服がある場合、はっきりと異議を伝えるためのちょい足しです。よりていねいに言うには「**おことばを返し、失礼とは存じますが**」としましょう。

このことばはケンカを始める号令でも勝負をつけようとするものでもありません。とくにビジネスの場面であれば、**建設的に業務をよい方向に進めるためのひとこととなりえます**。勢いよく言い切らず、一つひとつのことばをゆっくりと噛み締めるように言うと伝わりやすいです。

例文ではこの返答の後に、要望を聞き入れられない理由や状況を伝え、相手がなぜ急に指示内容を変更したのかを聞いたうえで、「そういう状況ですが、いかがいたしましょうか？」と再検討を促すと、現状をお互いに整理することができ、解決法を考えるきっかけとなります。

これも使える

類義 ちょい足しワード

- おことばですが
- おことばを返しますが
- おことばを**返**すようですが

# 063

# 少し心配なのですが

お客さまも気に入ってくださって
いるし、要望通りに
進めてみましょうか。

ご要望の納期に
間に合いますか？



少し心配なのですが、
ご要望の納期に
間に合いますか？

自分が心配だから、というかたちで
不安を伝える。

## 相手のプライドも傷つかない

相手がある程度の確信を持っている考え方ややり方、既に多数の人が合意していることなど、今にも走り出しそうなプランに対して、反対意見や心配事を言ったり、確認や見直しの提案をするのは勇気がいるものです。せっかくのよい雰囲気に水を差すと思われるのも避けたいですね。

ただ、とくに業務については、疑問点や不安なこと、抜けを見つけたら、間違っているかもしれないと思っても、早い段階で伝えておくに越したことはありません。

そんな場合に使えるのが、このちょい足しことば。あくまで「私が心配性で、ちょっとだけ気になってしまって……」といったニュアンスで、見落とされていることを指摘できます。このちょい足しがあるだけで、**「意見を批判・否定された」「見落としを指摘された」といった強い感情を相手に起こさせない効果があります。**

意見を通したいとき、反論をしたいときでも、大きな声で強いことばを使わず、一緒に考えてもらうかたちに導きたいですね。そうすると、もしあなたの意見が採用されたとしても、ともに考えたプロセスがあるだけで、その後がスムーズに進み、よい仕事になるはずです。

# 064

# 失礼ですが

お名前をうかがっても
よろしいですか？

**失礼ですが**
お名前をうかがっても
よろしいですか？

プライベートなことをたずねる場合に便利。

## 知りたいことを、そのまま放置しないために

実はそれほど失礼ではない質問なのですが、相手のプライベートなことを聞くときに活用度が高いちょい足しことばです。045で紹介した「おさしつかえなければ」と比べると、より個人的なことに関する質問に特化されます。

また、一度説明を受けたことについて、確認のために聞き返す場合にも使ってみましょう。「失礼ですが、今お話をいただいた○○につきましては、△△ということでよろしいですか？」という具合です。自分の理解が足りていなくて「失礼ですが」という意味になります。

**聞き返すということは、それだけ熱心に相手の話を聞こうとしているという証拠です。**もちろん内容にもよりますが、**「また聞いたら失礼じゃないかな」なんて考える必要はありません。わからないことや知りたいことは質問して確認するほうが、むしろ礼儀正しい**と言えます。

もう一つ、電話でよくある状況ですが、最初に聞いた名前や会社名、部署名などを確認するとき、「失礼ですが、お名前をもう一度おうかがいしてもよろしいでしょうか」という使い方もできます。

# 065 不勉強で恐縮ですが

この商品を開発するとき、
商品名の候補が3種類
あったんですよ。

ほかにどんな名前が
あったのでしょうか？

不勉強で恐縮ですが、
ほかにどんな名前が
あったのでしょうか？

「知らないことを恥じています」という
謙虚な言い訳。

## 知らなくても仕方ないことでも、あえて

例文は営業先のお客さんかもしれませんし、自社商品について上司が語ったのかもしれません。いずれにも使えます。知っていてもおかしくない、けれど、知らなかったし、これまで知ろうとしなかった。その失礼や怠惰を恥じて、おわびしてから、たずねることばです。

「そんなことも知らないの？」「それぐらい調べておきなさいよ」「人に聞かずに自分で調べなさい」などと言われたり、相手がそう思ったりすることを回避することができて、「仕方がないなぁ」とそれなりに快く答えてくれるはずです。

また、

「不勉強で恐縮ですが、海外で人気のある太宰治の作品といえば、何でしょうか？」
「不勉強で恐縮ですが、藤木さんのご出身地の名産品には、どんなものがあるんですか？」
「不勉強で恐縮ですが、今度登山にご一緒させていただくとき、何を持って行けばいいですか」

のように、**知らなくても仕方がないようなこと、知っていれば教養深いこと、ある分野に精通した人や趣味を極めている人だからこそ知っているようなことであったとしても、相手が知っていることであれば、やはり、このことばが活躍します。**

# 066

# 具体的に言うと、○○ということですか？

この資料、もう少し
わかりやすくできないかな？

表やグラフを盛り込む
ということでしょうか？

具体的に言うと、
表やグラフを盛り込む
ということでしょうか？

曖昧な要望や質問の解釈を
間違えないために。

## 不明点はスマートにつぶしておきましょう

会議や打ち合わせなどで議論が抽象的になってしまったり、上司などから仕事を指示されたり改善を促された際に曖昧な表現のことばがけをされることは多々あります。

そんなときに自分なりの解釈をしてしまい、あとでズレがあると困ります。ですので、よくわからないときは確認しましょう。

その際、理不尽にも「わかってないなぁ」「自分で考えなさい」と注意されてしまうのは避けたいもの。このちょい足しことばは、**それとなく相手の発言が抽象的・曖昧だということを伝えつつ、具体的に自分で考えたことを話します。**とはいえ、自分の考えが浮かばないときは「具体的に言うと、たとえば、どんなことでしょうか？」と聞けばいいのです。

これも使える

類義
ちょい足し
ワード

・かみ砕いて言うと、○○ということですか？
・つっこんで言うと、○○ということですか？

## 067

# このあとのご予定はいかがですか？

つい、話が白熱してしまって、もう5時ですね。

つい、話が白熱してしまって、もう5時ですね。

このあとのご予定はいかがですか？

この後どうするかを相手に委ね、答えやすくするよ。

## 相手の意向がわからないときに

もっと一緒にいたいかもしれないし、予定があるかもしれない、帰りたいかもしれない。相手がどうしたいかがわからないときのちょい足しことばです。

「まだ大丈夫ですか？」でもいいのですが、自分が「もっと話していたい」という都合を優先した聞き方になってしまいます。相手が自分の意向を言い出しづらいこともありますので、まずは相手の都合を気づかうことばで、選択権を渡しましょう。

**タイミングは、会話の小さな切れ目で、「ところで」をさら足しして切り出すといいでしょう。**

途切れないときは、さりげなくチラッと時計を見る仕草も使えます。

これも使える

類義ちょい足しワード

・**お時間**は**大丈夫**ですか？
・**後ろ**（**の予定**）**入って**ませんか？

# 068

# ひとつ、よろしいでしょうか？

A案とB案がありますが、このどちらかで行きましょうか。

AとB以外に、Cも考えられませんか？

ひとつ、よろしいでしょうか？

AとB以外にCも考えられませんか？

結論に近づいている場面での
「いまさら感」を軽くするよ。

## 清々しく好印象な自信すら感じられるひとこと

議論を重ねてきていたり、相手が長く説明をしていたりして、**そろそろ結論に持っていこうという雰囲気の中、あらためて質問したり今一度確認するとき**のちょい足しことばです。

大人数の会議などで挙手して質問や意見をするときも、このひとことを言いながら手を挙げ、注意を向けるのもよいでしょう。

この期に及んで申し訳ないのですが、といった謙虚さも表現しつつ、潔さや、きちんとした考えを述べるのではないかという清々しい自信も感じられる、好印象なことばです。

あらたまって、もしくは区切りをつける意思を表すものなので、質疑応答のために設けられた時間では、わざわざ言う必要はありません。

これも使える

類義ちょい足しワード

・ひとつお聞きして（うかがって）よろしいでしょうか。
・ひとつ教えていただきたいのですが、よろしいでしょうか。

COLUMN

# 「一方で」は相手が冷静に聞いてくれる反論の名手

一見、堅いことばであまり耳にしないと感じる「一方で」ですが、テレビのアナウンサーやコメンテーターの発言を注意して聞いてみてください。自然に使われているのがわかります。

誰かが発した意見に、あなたが賛同できず反論したいときや、他の人のアイデアと異なるものをあなたが提案したいとき、「でも」や「しかし」を使ったり、つい、熱くなってしまって「〇〇さんの意見には、賛成できません。私は～」とか「〇〇さんの考えとは違って、私は～」「それは違うんじゃないですか？　私は～と思います！」などと言ってしまう

こともあります。

そんなときは、心の中だけでもいいので、深呼吸して、「○○さんのお考えはよくわかりました」と言ったあと、「一方で、私は～と思います」「一方、○○という考え方もありませんか」というかたちで使ってみます。

すると、反論というよりは、「ほかの考え」を見せるという印象になります。相手の考えと自分の考えが異なることを冷静に伝えたいとき、相手の意見を受け止めたうえで、それに真正面から反対するのではなく、ほかにもこんな意見もありますとやんわり相違を伝えるのです。

対立しているのは相手とあなたで、「もう一方」、つまり、主語はあなたですが、後者の表現のように主語をあえて入れずにぼかすことで、「私は」という自己主張感が薄らぎ、やわらかくなります。また、「一方で」と声に出すと、「私を客観視する感覚」が生まれ、冷静になれることもこのひとことの特長です。

相手を直接的に批判しなくても、「でも」「しかし」「そうはいっても」などは、即座に否定されたと相手が感じるので、それらの代わりのことばとして重宝します。

# 気持ちよく許してしまう

# 第7章

「なぜ謝るべきなのか、わからないまま謝ってない？」と受け取られてしまう人がいます。

すると、火に油を注いだり、相手を不安にさせることも。

そこでまず、自分の非を理解していることを伝えます。

また、目上の人には、よりていねいに。プラスひとことで十分かないます。

# 〝謝罪〟の

ちょい足し

# 069

## まことに

申し訳ありませんでした。

まことに
申し訳ありませんでした。

驚くほどおわびの気持ちが深く伝わるよ。

## 日々顔を合わせている上司にも

社会人としてきちんとおわびするときに「まことに申し訳ありませんでした」は定番のフレーズです。

「まことに」は大袈裟なことばに感じるかもしれませんが、ふだん顔を合わせている上司や先輩に謝るときも、あなたの気持ちが届きやすくなります。**ちょっとしたミスというよりは、迷惑をかけてしまったり、仕事に損害を与えてしまったときに使う**のがいいでしょう。

とくに仕事上では、自分は悪くないと思っていても、自分が原因でなくても、謝罪しなければならない場面があります。そのような場合にはおわびの気持ちを込めるのは簡単ではありませんが、あなたが、相手との関係性を大事に思っていることは伝えられるはず。

相手の目を見て、「まことに」ということばに、そういった想いを込めて言ってみましょう。**ことばもさることながら、態度も重要。**目を合わさずつっけんどんな態度では相手をもっと怒らせてしまいます。

別の使い方は230ページへ!

# 070

# 勉強不足でした。

こんなふうに進めてしまうと、
あとでズレが出ますよ。

大変失礼いたしました。

大変失礼いたしました。
勉強不足でした。

自分次第で、この状況は防げたかもしれない、
という場合に。

## あなたはなぜ、謝っているの？

**自分の不勉強を自覚していて、ちゃんと反省している、今後改めたいという気持ちが伝わる**ちょい足しことばです。

注意をされたので、反射的にひとまずおわびしているという印象は避けたいもの。「とりあえず謝ればいいいと思っているだろう」と受け取られてしまっては、せっかくのおわびが逆効果です。

自分がなぜおわびしたいのか、その理由が具体的に簡潔に伝わると、ちゃんとわかってくれたんだなと相手も安心します。

このちょい足しことばですが、謝罪する理由によっていろんなバリエーションが考えられます。「私の不注意でした」「配慮が足りませんでした」とか、アポイントをすっぽかしてしまったときならば「日程を勘違いしておりました」、道に迷って遅刻したら「道を間違えてしまいました」といった具合に、「大変失礼いたしました」のひとことで終わらせずに、こうした反省していることを場面に応じてプラスしていけばいいのです。

071

# 考えが及ばず

今日の食事会、
左利きの方っていたかな？

参加人数のことしか
頭になかったです。
申し訳ありません。

参加人数のことしか
頭になかったです。
考えが及ばず
申し訳ありません。

思いつかなかったことは、
素直に認めよう。

## 「考えてなかった」は使わない

段取りや手順などでこちらの配慮が足りなかった場合や、不手際があったときに使えるちょい足しです。

「そこまで考えていませんでした」と、事実を正直に言ってしまいがちですが、「そこまで」と言うと、ふつうには考えつかないようなことだと思っているのかな、と捉えられたり、「考えていませんでした」だと浅はかな人という印象を与えたりすることもあります。

「考えが及ばず」という表現は、**自分がまだ未熟で……という謙虚な気持ちを伝えられます。**

相手も、今後は気をつけてくれそうだな、と受け止めてくれるのではないでしょうか。

これも使える

類義ちょい足しワード

・不手際があって
・不行き届きで

072

# お役に立てず

今回は参加できませんで、
まことに申し訳ありません。

今回は参加できませんで、
お役に立てず
まことに申し訳ありません。

相手があなたにかなり
期待していたときに使おう。

## 役に立ちたかったけれど、という思いを伝える

相手の要求や希望に添えなかった場合、力になれなかったことに対するおわびのちょい足しです。

さらに「先日はお役に立てず申し訳ありませんでした。その後、企画は無事に通りましたか？」というように、途中まで関わったけれど、何かの事情で最後まで携われなかった案件に対しても使えます。

**「最後まで協力ができなかったことを気にしている」、さらに「その後の結果を案じている」という気持ちを伝えることで、相手の残念に思う気持ちも緩和されるはずです。**「そういえば、あの件はどうなりましたか？」といきなり聞くよりも、ずっと好印象ですね。

類義ちょい足しワード

・お力になれず
・ご期待に添えず

# 073

# 反省しています。

すみません、少し急ぎすぎました。

すみません、少し急ぎすぎました。
反省しています。

ストレートに「反省中」だと
宣言するのは好印象。

## あえて口に出したいことば

解説するまでもないのですが、本当に反省していることが伝わるちょい足しことばです。逆に、**口先だけで言ってしまうと、非常に軽薄に聞こえることばでもあります。**

さらに、「焦って見落としたこと、反省しています」というように、反省点を明確に相手に伝えると、さらにグッド。「失敗の原因をちゃんとわかっているんだ」と相手の安心感はもちろん、信頼を得られることもあります。

さらに「次回からは、確認に余裕が持てるように、日程を考えます」のように改善点を続けると、さらに信頼感が高まります。失敗を生かそうとする姿勢は頼もしいですし、あなた自身も口に出すことで、次の失敗を回避できるはずです。



これも使える

類義
ちょい足し
ワード

- **以後、気をつけます。**

074

# 失礼いたしました。

遅くなりすみません。

遅くなりすみません。
失礼いたしました。

おわびに「品」をプラスできるよ。

## 単独使いはおわびにはならないから要注意

「失礼しました」を「申し訳ありません」と同じ謝罪のことばと思っていませんか？

おわびのことばにも、軽重があることを覚えておきましょう。たとえば、人の前を通り過ぎるときに「ちょっと失礼します」と言ったり、話の途中で出なくてはならないときは「お先に失礼します」と言って出かけたりしますね。こうしたシーンで、かつては「失敬」ということばもよく使われていました。

つまり「失礼します」と言うと、**相手に対して「礼儀に欠けた言動をとったこと」への謝罪**になります。**どちらかというと軽いおわび、といったニュアンスですから、ビジネスシーンなどのあらたまったおわびには不適切**なのです。

「失礼いたしました」は、ていねいできっちりとした印象があるのですが、これを謝罪の意味で使いたい場合には、「申し訳ありませんでした」「すみませんでした」などとセットにしましょう。すると、通常のおわびに品のよさが加わります。

# 075

# 気がつきませんで……。

スタッフが一人辞めてしまいまして、
できれば、あと1日納期を延ばして
いただけませんか。

承知しました。
では、ちょうど1週間後で
いかがですか。

承知しました。
気がつきませんで……。
では、ちょうど
1週間後でいかがですか。

「配慮が足りなかった」という
「うっかり」をお詫びする。

## あと少し想像すれば気づいたことに

相手の立場や状況を慮(おもんぱか)れば、もう一歩先の気づかいができたかも……という場合のちょい足しです。ただ、おわびすべき状況というよりは、相手の要望や希望は容易に推しはかれるものではない、**そうしたほうが、より相手が助かる、喜ぶというような場合がしっくりきます。**

もちろん、仕事以外の場面でも使えます。たとえば、電車に妊娠中の女性が乗ってきたとします。すぐに気がつかず、遅ればせながら席を譲ろうとするとき、「ごめんなさい。気がつきませんで……。お座りになりませんか」と言えば、場の空気も和みます。タイミングがズレてしまったときに、言い出しやすくなる効果も。

また、誰かに迷惑をかけていたことに、後から気づいたとき。おわびのことばの後にちょい足しするだけで、洗練された雰囲気に。同じく電車の中で濡れた傘が隣の人に当たっていたときなど「申し訳ありません。気がつきませんで……」といったふうに使います。

ただ、相手から指摘や注意を受けたときは、言い訳に聞こえることもあるので、もし使う場合は「気がつかずに、申し訳ありませんでした」とおわびの前に持ってきて、事情説明は、さらにその後に。人は、一番初めに聞いたことばが頭に残るという「初頭効果」という性質があるのです。

「ちょい足し」の半歩先へ 7

COLUMN

# 敬語への恐怖心

〝できるビジネスパーソン〟を絵に描いたような風貌の女性。でも、どうもギクシャクして打ち合わせが前に進みません。

どうしてだろうと暫く考えていたところ、その理由は、敬語過剰の話し方にあると気づきました。

「……さようでございますか。かしこまりました。それでは皆さまのご意見を拝聴させていただきました上でご報告申し上げるということにいたしたいと存じますが、よろしゅうございましょうか」とすべてこの調子で、聞いていて疲れてしまいました。集中できないのです。

失礼になってはいけないと、彼女が緊張している気持ちはわかります。でもていねい過ぎればいいわけじゃないという反面教師にもなりました。

敬語（尊敬語、謙譲語、丁寧語）、そして普通語に仲間ことばと、私たちは相手との関係や距離感によって使い分けて暮らしています。

しかし仕事の中では、相手や自分の立場に関係なく、「それだ！」「すごーい！」と感嘆詞どころか仲間ことばまで飛び出してくるものです。でも、それは夢中になって取り組んでいる証拠で、お互いに気心がさらに通じ、無礼だなんて思いません。

気になる場合は、そのあと、「本当にすごいです！」とちょい足しことばでフォローすればいいだけです。あとから挽回できるのです。

また、ごちそうになったときは「おいしい！」という感嘆詞こそ、ごちそうしてくださった方への最高のほめことば。そんなふうに食事中はワイワイやっていても構いませんから、最後に、「こんなに豪華な和食は初めていただきました。おいしかったです。本当にごちそうさまでございました」と、敬語でビシッと決めてくださいね。

ていねいさも、バランスとタイミングが大事なのです。

# 第8章 相手がスッキリ諦める

お誘いを辞退したいけれど、微妙な雰囲気は避けたい。今回はさっぱりと諦めて、嫌な思いを残さないでくれたら。

そんな願いを叶えます。声をかけてくれたことへの感謝と残念な気持ちをシンプルに伝えれば、長い事情説明より、ずっと気持ちのよいものです。

# 〝断り〟の

ちょい足し

# 076 ありがたいお話（おことば）ですが

夏木さん、英語が得意ですよね。
今度、海外のお客様との
懇親会に同席しませんか？

今回は遠慮いたします。

ありがたいお話ですが今回は遠慮いたします。

断るにしても、感謝していることは、
ちゃんと伝えたいね。

## お断りのシーンをやわらかく

せっかく声をかけてもらったのに、断るのは勇気がいるものです。相手と良好な関係を築いている、相手が好感を持ってくれている、それなのに断ることで印象が悪くなってしまったら……という心配が頭をよぎります。

でも、返事をうやむやにしたり先送りすることによって、相手に失礼になったり、迷惑をかけてしまうこともあります。これは、そんなときに助かるちょい足しことば。人間関係を保ちつつ、やわらかく断りたいときに使えます。

**大切なのは「ありがたいし、うれしいのですけれども、諸事情があり、いたしかねます」という謙虚な気持ちで感謝を伝え、相手にしっかりと敬意を払うこと。**

似たことばで**「身に余る光栄ですが」**というものがあります。「身に余る」は、自分にとっては分不相応である、過分であるといった意味。TPOを考えて使い分けてください。たとえば、あなたの能力を見込んで大きな仕事や難しい仕事をしてみないかと打診された、あなたのゴルフの腕を買われて上司から社長とのゴルフに誘われたといった、あなたの持っている何かへの期待から打診やお誘いがあり、それを、よりていねいに辞退するときに使えるひとことです。

# 077

## あいにく

次の土曜日にバーベキューを
計画しているのですが、
宇田川さん、ご都合いかがですか？

その日は仕事で
うかがえないんです。
すみません。

あいにく
その日は仕事で
うかがえないんです。
すみません。

「本当はしたいのに」という気持ちを
さりげなく強調できるよ。

## 不可抗力の場合に使える

**何らかの事情があって相手の期待に添えない場合に使うことばです。**「申し訳ないのですが……」「残念ですが……」といった気持ちを込めて使うことがポイント。自分の積極的な意思ではないのですが、といったニュアンスも伝わり、「お断り」がソフトな印象になります。

また、「締め切り時間を過ぎましたが、作品は完成しましたか？」「あいにく、まだできておりません」という具合に、自分に非がある場合に使うのはNGです。

この場合は、素直に「申し訳ありません。まだできておりません」と謝罪するのがベストですね。

社交辞令でなく、本当にあなたが残念だと思っているのであれば、「あいにく」と断った相手もがっかりさせない、素敵なことばの組み合わせがあります。

「あいにく、その日は予定が入っておりうかがえません。○曜日はいかがでしょうか？」など、「代案」をさら足しして提案してみましょう。

すると、相手は「調整してくれるという気持ちはあるんだな」と、「お断り」が一時的なものだと受け止めることができます。

# 078

# お気持ちだけいただきます。

行列ができていた和菓子屋で
大福を買ってきたんだけど、
一ついかが?

ありがとうございます。
でも、粒あんが
苦手なんです。

ありがとうございます。
でも、粒あんが苦手なんです。
お気持ちだけ
いただきます。

断るのが忍びないときにピッタリ。

## 相手も引きやすい

せっかくの厚意を無下にしたくない。でも断りたい。相手を傷つけずに、NOを伝えたい。そんなときは「お気持ちだけ」ありがたくいただきましょう。

以前出かけたレストランでのことです。素晴らしい料理やおもてなしに大満足して、チップを包んで帰りがけに手渡そうとしたときです。スタッフの方が「(そう言ってくださる) お気持ちだけいただきます。ありがとうございます」と、ていねいに頭をさげられました。私もさらに感謝して、気持ちよくお店をあとにしたのでした。一方、以前、別のお店で、「うちの店は、こういったもの(チップ)は規則で受け取れないんです。すみません」と言われたことがあります。伝えたかった感謝を拒絶されたような気がして、少し淋しくなりました。同じシチュエーションなのに、雲泥の差ですよね。

相手がしてくれた何かを断るときは、まず相手のその気持ちに感謝しましょう。すると、自然にこのことばが出てくるはず。心づかいをありがたくいただくのです。

**友人同士なら「ありがとう! 気持ちだけもらっておくね」と、カジュアルに使い分けるのもすてきですすね。**

# 079

## 残念！

ランチのあと、ちょっと
コーヒー飲みに行かない？

今日はこのあと
約束があるの。

残念！
今日はこのあと
約束があるの。

ひらがなで一文字ずつ言うイメージで声に出すと
伝わりやすいよ。

## 目上の相手には独り言のように言ってみる

仲のよい相手からのお誘いを断るなら、「本当に残念だよ！」という気持ちをストレートに伝えましょう。077の「あいにく」がフォーマルとすれば、こちらはカジュアル。

大切なことは、まずはじめに「残念！」と本音を伝えてから、「その日は予定をいれてしまったんだよ……」など、きちんと理由を説明すること。その点、「せっかくだけど」をつなぎに使うともっと強力。「残念！　せっかくだけど、その日は予定をいれてしまったんだよ……」と言われれば、「誘ってくれたことへの感謝」や「行けなくて残念」という気持ちを、さりげなく強調できます。

目上の人には使いづらいですが、「えっ、残念です……」という言い方をしてみたり、思わず出た独り言のように「残念……」と小さくつぶやいてみると、関係性ができていれば、立場が上の人にも使えます。

依頼や誘いを断るとき、どうしても罪悪感や「失礼じゃないかな」「断ったら嫌われてしまわないかな」といったネガティブな気持ちを抱きます。でも、**あなたの本当の思いが相手にきちんと伝われば、もっと親しくなることだってあるのです。その「本音」をうまく伝えるひとことです。**

# うーん、お察しします。

明後日のプレゼンまでに、
もう一つ、企画を用意して
おきたいのだけれど……。

この期間では難しい
のではないでしょうか。

うーん、お察しします。
ただ、この期間では難しい
のではないでしょうか。

相手の気持ちや状況を
自分なりに想像していることを伝える。

## 期待や希望に応えられないときに

話をきちんと聞いて、状況を把握したうえで、「できるかぎり協力したい／応援したい気持ちだけれど、それでも実現は厳しそう」という思いをことばで伝えられると、同じように「できない」と告げられても、「そうだよね」「自分でもそこはうすうす気づいていた」と、穏やかに納得する気持ちになれるのではないでしょうか。

短くてシンプルゆえに、できない理由をあれこれ説明されるよりも、ずっと自分の立場を理解しようとしてくれているように感じるものです。

具体的にまず「うーん」と小さく声に出して、「考えてますよ」の気持ちを伝え、それから「お察しします」だと、**「事情は理解できる→でも、こちらも応えるのは難しい→申し訳ない」という相手に寄り添う気持ちが伝わります。**

人によっては「そう簡単に、あなたが私の気持ちをわかるはずない」と感じる人もいますので、この「うーん」とちょっと考える声は意外に大切なのです。

## 081

# でも、うれしいです。

今から清水さんと吉川さんと
飲みに行くけど、
藤井さんも、一緒にどう？

今日はまだ仕事が
残っていて、すみません。

今日はまだ仕事が
残っていて、すみません。
でも、うれしいです。

やむを得ず断らなければならない
悔しさも伝わるよ。

## 断られた側の気持ちを考える

断りの場面でも、シンプルな本音をひとこと入れるだけで、相手の気持ちは一瞬でやわらぎます。嫌な思いをするどころか、むしろ「この人に声をかけてみてよかったな、また誘おう」というふうに感じるはずです。

「うれしい」と言われれば、誰でも気持ちがあたたかくなるもの。

同僚など近しい関係性であれば「またの機会にお願いします」「また誘ってくださいね」などをさら足ししてもよいですね。

「スケジュールが合わずに残念です。でも、うれしいです。またぜひ誘ってください」と次につなげていけば、相手の「断られた感」は、その瞬間になくなっているでしょう。

断られると次に誘いづらい、とはよく言われること。また機会があればご一緒したいと思っているのであれば、**相手が次に声をかけやすいよう、気持ちの負担を残さないようにするのも礼儀であり、簡単にできる、すてきな気づかいです。**

「ちょい足し」の半歩先へ

8

COLUMN

# 違和感しかない、「～させていただきます」の使い方

先日、とある展覧会に出かけました。その際、素敵な作品を手に、作家自身が「こんな感じで作らせていただきました」と話しているのを聞いて、なんだかモヤモヤを感じました。周りの人に媚びているような、本人がへりくだりすぎているような印象を受けたからです。

最近、このような「～させていただきます」といった言い方をよく耳にします。でも、スッと心に入ってくる使い方になかなかお目にかかれません。謙虚であることと、自分を卑下して相手にごまをすることは、まったく異なります。では、どんな使い方が

正しいのでしょう。

「〜させていただく」には、相手に許可を求める意味があります。よく街中で見かける、お店の「臨時休業」の張り紙を思い出してみてください。「まことに恐縮ですが、本日は臨時休業とさせていただきます」という具合に「〜させていただきます」と書かれているものが多いですよね。いつもは営業しているのに、こちらの都合でこの日だけ、お店をお休みする許可を求めているということです。なんの予告もなかったので、知らずに来たお客様には本当に申し訳ないことですし、この場合は謙譲語である「させていただく」は適当なのです。

でも、先ほどの作家さんは、自分の意思で作ったものに対して「こんな感じで作らせていただきました」と言ったので、妙な印象を受けたのです。「こんな感じに作ってみました」のほうがずっとスッキリしたかもしれません。しかし、もし、制作の過程で誰かの手を借りていたり、依頼やリクエストに応えた作品だったら……。その場合こそ、「作らせていただきました」がしっくりとくるのです。

使い方がなかなか難しいのが「〜させていただきます」なのです。ただ、「なんとなく謙虚で感じよく聞こえるから」と、多用すると恥ずかしい思いをすることがあるかもしれません。

ことばは、場面と相手に合わせて使い分けることが大切です。

# 相手の気持ちが軽くなる

# 第9章

迷惑をかけて謝るとき、人はたいがい、とても落ち込んでいます。

許してくれるかな、怒っているかなと焦りも感じます。

おわびの内容が「お互いさまだな」ということなら、相手のそんな気持ちを軽くするひとことを。

温かく、品のあることばたちです。

# 〝おわび受け〟の

## ちょい足し

082

# どうして？

すっかり
遅い時間になってしまって
申し訳ありません！

石原さんが謝ることではないですよ。

どうして？
石原さんが謝ることではないですよ。

おわびされる理由がないよ、
というひとことだよ。

## 慰めというより、驚きで伝える

以前、自分の勘違いを一生懸命にわびる後輩に対して、「どうして謝るの？　僕にも落ち度があったし、謝ることないんだよ」とごく自然に「どうして？」ということばを使っている男性の姿を見て、とても新鮮に感じました。この光景を目撃して以来、お気に入りのちょい足しことばです。

「どうして？」は、言い方によっては詰問になりますし、相手に不満や反発の意を表したいときによく使われることばです。でも、相手の気持ちをやわらげ、フォローすることばにもなるのです。そして、**相手を慰めるというよりは、謝るべき理由がないのに謝られてびっくりした！というような驚きとして伝えることで、相手の気持ちもより軽くなります。**

そういえば、私が結婚しても仕事を続けたいと言ったとき、夫は「えっ、どうして（そんなこと聞くの）？　結婚したら幅が広がって、もっといい仕事ができると思うよ」と言ってくれました。今の時代ではこんな会話は想像できないかもしれませんが、私は、この「どうして？」に支えられて、現在があるのだなと実感しています。

## 083

# お互いさまですから。

つい、愚痴ばかり
聞いていただいてしまって、
すみませんでした。

お気になさらないでください。

お気になさらないでください。

お互いさまですから。

助け合えばいい、という
一番シンプルな表現だね。

## 誰だって相手に多少の迷惑をかけながら生きている

この章では、「お互いさま」の気持ちを表すちょい足しが続きますが、これが基本のストレートな表現です。相手のミスやうっかりで迷惑をかけられたことを謝罪されたり、急な業務が舞い込んだ同僚の仕事を手伝ってあげておわびとお礼を言われたときなど、そんな相手の気持ちを、早急に軽くできるのがこのことば。

もちろん、家族や友人にも使えます。私と夫は、よく言い合っていました。心配性な私は、このひとことを言ってもらうと、スーッと安心感で満たされるのです。人はみんな何かしら他者に迷惑をかけ、フォローし合いながら社会生活を送っています。

ただ、**基本的には、目上の人には使わないほうがいいでしょう。**

これも使える

類義ちょい足しワード

・どうってことないよ！

## 084

# 気づけてよかった。

発注書の数字、
1ケタ間違えていました。
すみません！

記入時に、
確認しなければ
いけませんね。

気づけてよかった。

記入時に、
確認しなければ
いけませんね。

大事（おおごと）になる前に気づけた、
とプラスに受け止めることも大事。

## 失敗を糧にして！というエールの意味も

最初からミスが無いほうがいいに越したことはないのですが、途中で気づいて、大事に至ることなく深い傷になるのも回避できたことはよかったと考えたいものです。

頭ごなしに注意せず、このちょい足しをすることで、相手の心を穏やかにするとともに、「ミスをしないやり方を工夫してみては？」とか「もうちょっと早く気づく努力ができたかもしれない」と考える機会を促します。

このちょい足しことばを口にすることで、**あなた自身も怒りや落ち込みがやわらいで、前を向いて考えようと思えるはずです。発することばは、あなた自身をつくります。**

失敗を反省したうえで、今後にポジティブに生かす力は、成長への最強の武器となります。つまり、そのひとことが、落ち込む相手に考えの転換を促すことになるかもしれません。

言うまでもありませんが、目上の人に対して使うのは、「上から目線」の印象を与えますので控えてくださいね。

# 085

## 私のときもよろしくね！

忙しい時期に、
風邪をひいてしまって、
本当にごめんなさい。

いいえ、
気にしないでください。

いいえ、
気にしないでください。
私のときも
よろしくね！

助け合おうねという気持ちは、
お互い心が軽くなるでしょ。

## 自分だって助けてもらうことがあるから

仕事仲間から、こんな話を聞きました。同僚が風邪で仕事を休んだ際、「こんな忙しいときに休んでしまって申し訳ない」と、深く落ち込んでいた、と。そんなとき、彼女の先輩がかけたことばが、「大丈夫大丈夫、やっておくから気にしないで。私のときもよろしくね！」というひとこと。あとから、「あのひとことに救われた」と笑顔で話していたそうです。

そのエピソードを聞いてから、「私のときもよろしくね！」は、私の職場でもみんなが好んで使うようになり、すっかり定着しました。

忙しいときなど、ミスや予想外の休みに、自分を責めてしまう人は多いものです。でも、誰だっていつ病気になったり、ミスをしたりするかわかりません。

**「大丈夫、今回は私に任せて。でも、もし私がダウンしたときは頼むね」というお願いをしておけば、貸し借りなし。**とくに責任感の強い人は、文字通り心が「軽く」なるはずです。

休むことは権利なのですから、みんなでこのちょい足しことばを言い合って、気持ちのいい職場にしてくださいね。

# お気をつけていらしてください。

申し訳ありません！
前の仕事が長引いて20分ほど
到着が遅れそうです。

承知しました、
大丈夫ですよ。

承知しました、
大丈夫ですよ。
お気をつけて
いらしてください。

自分の小さなストレスも
消えていくから不思議。

## 会ってからもいい雰囲気に

相手と約束している時間に、どうしても間に合いそうにない。焦ってドキドキしながら遅刻の連絡を入れたとき、こんなやさしいひとことを言われたら、心の底からホッとしますよね。

待つ側としても、相手が慌てて怪我でもしたら大変です。はやる相手の気持ちを静めてあげましょう。

ただ、**約束の時間に相手が来ないとなると、多少なりともストレスを感じるものです。このちょい足しは、自己暗示のように、そのストレスを軽くしてくれます。**そのため、相手が到着してからの会話がスムーズによい雰囲気で開始できるのです。

私の家は、電車の駅からバスで3つめの停留所のそばです。ただ、その3つのバス停の名称はすべて「○○坂」。ですから、初めてお越しいただく際には「3つめの停留所ですよ。お気をつけていらしてくださいね」と、伝えています。

こんなふうに、「暑いのでお気をつけていらしてください」「混んでいるのでお気をつけていらしてください」など、「何に気をつけるか」をさら足しするのもおすすめです。

087

# 私もよくやる（ある）んです。

気にしないでください。

私もよくやるんです。気にしないでください。

誰にでもある失敗だから、という
慰めのことばだよ。

## 失敗で慌てたり落ち込んでいる人に

「大丈夫よ！　私もよく忘れるの」「気にしないで、私もそこ、よく間違えちゃうのよね」。こんなふうに言われたら、相手のやさしさを感じられて、心があたたかくなります。**ちょっとしたミスや思いちがいの場面で、よく使うことばです。**

以前、打ち合わせに、肝心の資料を忘れてきた人がいました。急いで取りに戻りますと言いながら、気の毒なほど恐縮しています。どうして出がけに確認しなかったのかなと思うのですが、その姿を見ていたら、ささいな怒りはおさまっていきます。むしろ、こんなに混乱していて、慌てて事故にあったり怪我をしたら大変と思い、「私もよくやるよ」とフォローしました。

厳密ではありませんが、主に「やる」は行為、「ある」は状況に使います。「ある」のほうが難しいかもしれませんね。たとえば、プレゼン中に言い間違えたときは「やる」、言うことを忘れたときは「ある」。電車に乗り遅れて遅刻したときは「やる」、電車が車両故障などで遅れたときは「ある」です。

気にしすぎる相手には、効果てきめん。もちろん、大きすぎるミスには「私も」とは言えませんが……。

# またやってあげたいと思わせる

「またやってあげたい」と思えるのは「してあげてよかった」という喜びでもあります。

相手にそう感じてもらうために、どんなことに、どんなふうに感謝しているのか、シンプルに伝えたい。

そんなひとことが、実はたくさんあります。

感謝は人間関係の土台です。

# 〝感謝〟のちょい足し

# まことに

本日は、お越しくださり、
ありがとうございます。

本日は、お越しくださり、
まことにありがとうございます。

気持ちを込めれば、
「ほんとうに」という想いが届くはず。

## 親しい仲でも言われたら、照れるほど心地いい

「ありがとうございます」は、感謝を表す基本のことばです。場面や相手に応じて表情や声の抑揚を変えたり、頭を下げるといった身振りを加えることもあります。

そんなバリエーションの一つとして、とくに取引先や目上の人に対しては、**「まことに」を足すと感謝に深みが加わります。**メールや手紙の文面でも、このひとことはおすすめです。

親しい間柄であれば、ややカジュアルな「どうも」に変えてみても。

ところで、「ありがとう」の代わりに、つい「すみません」と言ってしまうことがありませんか。何かを譲ってもらった、負担をかけた場合によく使われます。

迷惑をかけてしまったならおわびも必要ですが、「すみません、ありがとうございます」とお礼も忘れずに。

「すみません」だけになるぐらいなら「ありがとう」だけのほうがずっと気持ちが伝わります。

別の使い方は182ページへ！

# 089

# おかげさまで

新しい職場はいかがですか？

だいぶ慣れてきました。

おかげさまで、
だいぶ慣れてきました。

周りの人のおかげで今の自分がある、
という考え方は大切！

## 感謝がさりげなく届く

「おかげさまで」は、社交辞令として広く使われています。特別に何かしてもらったり、物をもらったりしなくても、「おかげさまで」は「お気づかいをいただき、ありがとうございます」といったニュアンスで使える、軽い感謝を表します。

そして、**今の自分があるのは、助けていただいている周囲の方々のおかげです**、という気持ちも感じられるはずです。**広い意味で、人は誰しも一人で生きていないから、そのことは頭の片隅でいいので、置いておきたいものです。**

もし、具体的に何かをしてもらったり、お世話になった場合は「○○部長のご指導のおかげで、企画が通りました。どうもありがとうございました」という具合に、誰の「おかげ」なのか、そしてその内容をきちんとことばにしましょう。

親しい間柄であれば、「ありがとう」に「○○さんのおかげだよ!」というちょい足しことばを使うのもおすすめ。相手に感謝したり協力を労うとき、お礼の気持ちを込めやすいのです。

ちなみに、「○○部長のおかげで、プレゼンが通らなかった」という使い方は間違い。「おかげ」は、恩恵に対する感謝のみに使うことばです。

090

# おそれいります。

承知しました。
では、急いで確認いたします。

ありがとうございます。

おそれいります。
ありがとうございます。

「そんなにしていただいて」という想いも
表現できるよ。

## 厚意を受け取る重みをかみしめたことば

「おそれいる」ということばは、「恐縮している」という気持ちを表します。ですから、感謝を伝える場面で用いることもできるのです。

たとえば、自分でもできることなのに相手がしてくれたり、忙しいのに自分のために奔走してくれたり……。**「とてもありがたい、でも申し訳ない」、そんな気持ちを表すことができるのが「おそれいります。」なのです。**

ただ単に「してもらった」のではなく、「自分の立場としては、いささか心苦しさも感じる」といった思いは、このひとことをちょい足しすることで、先方にも感じ取ってもらえるはずです。

これも使える

類義
ちょい足し
ワード

- ごていねいに。
- 恐縮です。

# 091 勉強させていただきました。

交渉の難しさがよくわかりました。

交渉の難しさがよくわかりました。勉強させていただきました。

あなたの姿から学んだ、というニュアンスだよ。

## 自分の「これから」に生かしたいという感謝

仕事の場面では、いつもとは違う貴重な経験をさせてもらうことがあります。たとえば、上司や先輩の現場に同行させてもらったとき、イレギュラーな現場を見学させてもらったり、プロジェクトチームに参加させてもらったとき、特別な研修やセミナーに参加したとき……。

そんなとき、感謝を込めて感想を伝える場合に使えるちょい足しことばです。

とくに、直接あなたに向けて何かを教えてくれたという状況ではなく、**あなたが誰かの姿やことば、現場の状況を見たり聞いたり参加したり、体験することで自ら学びとったり、勉強になったという場面でしっくりくることば**です。

「大変、ためになりました」という類似表現もありますが、より謙虚さが感じられるのは「勉強になりました」です。今回の経験を自分の仕事や行動に生かそうという意思が垣間見えます。

このことばを受け取った相手は、あなたの自分から学び取ろう、吸収しようという姿勢に感心したり、そんな体験を提供できてよかったなと感じることでしょう。

# 092 お心づかいをいただき

どうもありがとうございます。

お心づかいをいただき
どうもありがとうございます。

相手の「気持ち」に何より
感謝していることの表明。

## 自分のために時間を使ってくれたことへ

相手の気配りや親切に対して感謝を示すことばですが、**物をいただいたときにも、物そのものだけにではなくて、贈ろうという気持ちや物に込められた想いに何より感謝しているということが伝わります。**

相手があなたのためにあれこれと事前に考えて準備をしてくれていたとしたら、このひとことで、相手も「手間ひまをかけてよかった」「自分の想いがちゃんと届いたんだな」と実感できるはずです。気持ちを受け取ってくれたことがわかると、心がじんわりとあたたかくなりますね。

ほかに、**「細やかなお心づかいをいただき」「行き届いたお心づかい」**といったアレンジもできるのでお試しください。

これも使える

類義ちょい足しワード

・お気づかいくださって
・ご配慮を賜りまして

093

# 助かりました。

手伝ってくださり、
ありがとうございました。

手伝ってくださり、
ありがとうございました。
助かりました。

あなたの助けがなければ大変だった、
という感謝を示すよ。

## 力になれてよかった、と思ってもらえる

手助けをしてもらったり、アドバイスをもらったり……。**誰かに力を貸してもらったとき**は、「助かりました。」のひとことをちょい足しして感謝を伝えます。

この「助かりました。」は気軽に使いやすいことばですので、相手がちょっと助けてくれたとき、たとえば、会議前に参加者への資料配布が間に合いそうもないとき、配るのを手伝ってくれた人に「助かりました。」をちょい足しして気持ちを伝えることもできます。

また、誰かを頼って人を紹介してもらったときなどは、この「助かりました。」を使いますが、まずは、紹介を受けたあと、きちんとお礼の連絡をするのが大切なこと。「おかげさまで、助かりました。ありがとうございました」と頭を下げましょう。

誰かの力になれた実感があると、力を貸した側もうれしく、励みになるものです。部下や後輩にも「おかげで助かったよ、ありがとう！」と感謝の意が伝えられると素敵です。

ヘビーなことで危機を救ってもらったら、「ほんとうに」をさら足しして、「ほんとうに助かりました」と言うと実感がこもります。

094

# うれしいです！

差し入れだよ！

わあ、ありがとうございます！

わあ、ありがとうございます！うれしいです！

思わずに本音が出てしまった、
という感じだよ。

## 自然と笑顔になることば

心の中のことばが、そのまま口からこぼれてしまったかのような、これほどストレートに相手に伝わることばはないでしょう。

「うれしいです！」は**立場に関係なく、誰に対しても使えることば**です。敬語として正しい？失礼かな？などと考えず、うれしさは反射的に、そのままこぼしてしまいましょう。

ですから、順番も細かく気にしなくてOKです。「うれしいです！」が、「ありがとうございます」の前に来てもかまいません。

何より、感動を表す形容詞だけのインパクトは絶大。伝えたほうも言われたほうも、自然と笑顔になります。

これも使える

類義
ちょい足し
ワード

・楽しいです！
・おいしいです！
・いいですね！

# 095

# やさしいですね。

忙しそうだけど、
昨日はちゃんと眠れた?

いつも
ありがとうございます。

いつもどうも
ありがとうございます。
やさしいですね。

相手をどう感じているか、
「ありがとう」とは別のことばで。

## 人にやさしくありたいと多くの人が思っている

相手のどんなところに感謝しているか、相手のあたたかい言動をあなたはどう感じているかをちょい足しすることばです。

さらに「○○さんって、やさしいですね」と相手の名前を呼ぶことで、さらにその想いが相手にしっかり伝わります。手を貸してくれる、助言をくれるといった行為への感謝はもちろんですが、人となりに敬意を払っているのです。

この考え方を応用すると、「お礼＋あなたが尊敬する相手の特性・人柄」という使い方ができます。たとえば、「ごちそうさまでした。本当に料理上手ですね」「ありがとうございました。ていねいなお仕事ですね」といったアレンジができます。

私は、正面切ってこのことばを使うのがいささか照れくさいときは「うわぁ、やさしいな！」とか「やさしい！」と感嘆詞のように伝えます。**やさしさって、人間の持つあらゆる性格や行為の中で、最も人間らしい素晴らしいもの**だと感じているので、あたためて大切に使っています。

096

# これに懲りず

どうもありがとうございました。
手がかかる仕事ですが、
またお願いいたします。

どうもありがとうございました。
手がかかる仕事ですが、
これに懲りず
またお願いいたします。

ちょい足し！

一緒に何かをやった相手に使うといいよ。

## 賛否両論あるので、相手を選ぼう

少し無理を言ってしまったけれど、気持ちよく引き受けてくれた。大変な状態を乗り越えて仕上げてくれた。何か抗いがたい原因や理由で今回は失敗したりうまく行かなかったので、またいつかやり直したい、といったような状況で使うちょい足しです。

「これに懲りず」には、**感謝や労い(ねぎら)の気持ちに加え、苦労をかけた謝罪、次もぜひご一緒したいという期待など、さまざまな思いが込められます。**

「懲りる」は失敗したり酷い目や嫌な目に遭って、もう二度としたくないと思うといった意味のことばですから、本来は自分や仲間内に使うものです。そして、敬語ではないので、ビジネスシーンで使っていいものかについては賛否両論があります。でも、私の考えでは、目上や取引先を避ければ、大いに使ってＯＫ！

同僚や友達なら、私はよく「これに懲りず、次回もお願いね」に「嫌いにならないでね！」とさら足しして、笑い合っています。

# 097 ゆっくりお話しできて、楽しかったです。

今日はごちそうさまでした。

今日はごちそうさまでした。
ゆっくりお話しできて、
楽しかったです。

お礼の気持ちが具体的に伝わるね。

## 感謝にリアリティを

お礼を伝えたあと、「楽しかったです」「おいしかったです」といった形容詞をひとこと添えると、実感がこもっていて、相手もうれしいものです。さらにインパクトを強めるのが、このちょい足しことば。「何が」「どのように」楽しかったのか、おいしかったのかを具体的に話すことで、その形容詞の内容が何倍にもなるのです。

以前、とても人気のあるホテルで催された会社の後輩の結婚披露宴に出席したときのことです。当時の上司が、本人に「いやあ、○○さんのおかげで、やっとこのホテルに来られてうれしいよ！」と言っているのを聞いて、思わずクスッと笑ってしまいました。

**どんなことにうれしく感じたのか、楽しく感じたのかを添えることで、感謝の気持ちがいきいきと感じられるのです。**

最初は「どんなこと」「どのように」を考えるのが難しいかもしれません。そう感じる人はまず、この例文の場面の通りに練習してみてください。自分の気持ちを盛り込むひとことがあるかないかで、受け取る側の印象はがらりと変わります。

# 098

# また ご一緒させてください。

今日はありがとうございました。

今日はありがとうございました。
またご一緒させてください。

相手との時間をもう一度!という
想いが伝わるよ。

## まずは親しい間柄に限定してみる

食事やレジャーなどに誘ってもらって、お礼を言ったあと、「また同じ時間を過ごせたら……」というかたちで、どれぐらい楽しかったか、うれしかったかを表現するちょい足しことばです。

ただ、目上の人や初対面の相手などには要注意。普段なら参加できないような特別な機会だった場合は、厚かましく感じられることもありますし、ご機嫌とりだと思われたら逆効果です。この場合は、**「ご一緒させていただき、勉強になりました」**、**「ご一緒させていただき、とてもうれしかったです」**が正解です。

よく似た表現で「また誘ってください」ということばもよく聞きます。こちらも、状況によっては使うことを控えたい場合があるので注意してください。こちらにその意思がなくても「またごちそうして（おごって）ということかな？」と思われてしまったり、「ひょっとして、僕（私）のことが好きなのかしら？」とあらぬ誤解を招いてしまったり。

「今日は楽しかったね！　また誘ってね」というふうに、家族や友達、仕事の仲間など、お互いをよく知っている間柄なら、きっと素敵な別れのあいさつになるでしょう。

099

# お話をうかがえてよかったです。

お時間をいただき、ありがとうございました

お時間をいただき、ありがとうございました。お話をうかがえてよかったです。

直接ことばを交わせたことへの
喜びを伝えます。

## 直接会わずに仕事をする機会が増えたからこそ

**相手と話すことで物事が進んだり、問題が解決したり、シンプルに楽しい時間を過ごせたというとき**のちょい足しことばです。最近は、オンラインの打ち合わせやメールのやり取りだけで仕事が完了することも珍しくなってきました。でも、会って話すと、その「情報量」が随分多いことに気づきますし、相手の印象が変わることも。それで行き違いや誤解が解消したときに、このことばが自然と出てくるのが理想です。

相手の話を聞いたときに限らず、会話を交わしたときでも、相手の話を聞くことができて、というニュアンスのこのことばで大丈夫です。

また、「お話しできてよかったです」という表現もありますが、こちらは対等な関係で敬語が必要ない相手に。目上の人には「お話をさせていただけてよかったです」としましょう。

同じようなニュアンスで「お目にかかれてよかったです」ということばもあります。こちらは「会えてよかったです」という意味になり、ややカジュアルなイメージになります。じっくりと話し合ったり、何か教えてもらった場合は、「お話をうかがえて」と伝えましょう。

100

# どうぞ（どうか）おかまいなく。

（訪問先で）
外は暑いですね。お茶をどうぞ。

ありがとうございます。

ありがとうございます。
どうぞおかまいなく。

決まり文句のような使い方で、
断る意味ではないよ。

# 「現状で十分ありがたいです」を伝える

過分な心づかいに、感謝と配慮を伝えるちょい足しことばです。「とてもありがたいけれど、遠慮します」という意味ではありますが、例文の場合でも「お出しいただいたこのお茶は要りません」という意味にはなりません。**「ありがたくいただきますが、もうこれ以上のお気づかいにはおよびません」という、現状に追加で、を遠慮するニュアンスです。**

たとえば、訪問先で、相手が「よろしければ、これからお持ちしましょうか?」など、話のなかで出てきた資料などを持ってくるという提案を受けることがあります。でも、その必要がない場合は、「ありがとうございます。でも、どうかおかまいなく」と伝えます。これで「(追加のお気づかいとして)資料はお持ちくださらなくてかまいません」というニュアンスになります。

類義ちょい足しワード

・お気づかいなく。

# おわりに

アナウンサーになって数年目のこと、インタビュー番組が終わって出演者にお疲れさまのあいさつをすると、その高名な心理学者に言われました。

「こんなことをしていたら、ダメになっちゃうよ」と。

言い方は優しくてお父さんみたいでしたが、心にピシリと刺さりました。たぶんもっと自分に自信を持って、「『自分のことば』で話しなさい」と言われているのだなと感じたからです。

かえりみれば、そのときの私はコミュニケーションの取り方や会話に自信を失っていて、どう考えたらよいのか迷いに迷っていました。

その原因のひとつに、当時はまだ女性のアナウンサーはメインのニュースを読ませてもらえなかったということがあります。男女ペアの司会では脇役にまわり、ニコニコ笑顔であいづちを打っていればよいという時代でした。

でも私は黙っていられなくて、つい意見を述べ、せっかくのオーディションをふいにしたり、降板の憂き目に遭ったりしていたのです。そんな日々でしたので、このインタビュー番組でも、つい不安になり、予定台本通り無難にこなしました。

それを見抜かれたのでしょう。

やはり、そこは心理学者。私のなかに自分の意見があることも見抜き、あえてはっきりとことばにして教えてくれたのだと、何十年もたった今でも忘れられない思い出です。

原因のふたつめは、そもそも私自身が未熟で、自分の意見をじょうずに伝える術を持っていませんでした。その術が欲しいと切実に思っていたのです。

「ことば」は、相手に伝わらなければ、全く意味がありませんね。

本書の「はじめに」でも触れましたように、周りを観察しながら発見した「第二のあいさつ」は、ことばが伝わる方法として、私の人生を大きく変えてくれたと言っても過言ではありません。

私がこの方法をお伝えして実践してくれているある会社の内勤の人が、「第二のあいさつをするために、会社のなかで待っているようなものですよ」と笑いながら公言していました。

ただ決まり切った「おはよう」や「こんにちは」だけでなく、「このあいだは、最終バスに間に合いました？」というふうに、あなたのことを覚えていますよ、関心を持っていますよ、心を寄せていますよ、ということが伝わる心配りのひとことをちょっとつけ加えると、相手は心ひらいて「それがね」と話し始めます。

「このあいだ残業していたけれど、ちゃんと帰れたのかな」と心のなかで思っているだけでは、相手には伝わらないのです。相手の後日談も聞けません。

とにかく、声に出してみよう！と思いませんか。

相手を思いやる会話に上手下手（じょうずへた）なんて関係ありません。

気にしなくて大丈夫です。

ここで少し、私の個人的な思い出にお付き合いくださいませんか。

実は、ことばが持つ思いやりの神髄を教えてくれたのは母でした。

母は戦時下に大流行した結核に罹り、亡くなりました。本書を執筆している現在、流行している新型コロナウイルスの感染経路と同じ空気感染で、あっと言う間でした。私が6歳のときです。父は満州に出征し、私たちの家は母と子が残されました。

正月のあいさつに来ないからと心配した本家のおじが様子を見に来てくれたときは、母はもう両肺とも真っ白で、小さな私が吐血を洗面器で受けていたのです。おじが慌てて入院させてくれたものの、数日しか持ちませんでした。

その最期のとき、母は今にも途切れそうな息を使って、幼い私にささやくように言ったのです。

「と・も・こ、おせんべい」

朦朧(もうろう)とした意識の中で、天井のシミがおせんべいに見えたのでしょう。もがくようにして、ベッドの横に立つ私に食べさせようとしました。

この情景を思い出したのは、私が30代になってからのことでした。結婚した直後に大病を患って、そこまで築いてきた仕事も中途半端になり、失意の中で、はじめて、つらかったであろう母の最期を思い出しました。そして号泣しました。

夫に逢いたいでもなく、自分の苦しさを訴えるわけでもなく、ただただ残していく私に向かって掛けてくれたひとこと。ありったけの愛が詰まった命がけのことばに泣きました。

今でも思うたびに魂が震えます。

そして、私も相手を思いやるひとことがある人間になりたい、「自分のことば」で伝えられる人になりたい、この母の子でありたいと強く素直に自分に誓うことができました。

ありがとう。亡き母に、そう声に出して伝えることで、気づくことができたのです。


そう、気づくって宝物ですね。

自分にとって必要だと手を伸ばすからこそ、つかまえられるのです。悩んだり、迷ったりして、困り果てた末にたどりつくから、心から納得して身につくのではないでしょうか。

私も、長い間、あまりにもコミュニケーションが苦手だったので、気づきも大きかったのかもしれません。

「生まれつきのコミュニケーション下手なんていない」

そう確信し、コミュニケーション塾を開いたのが50歳の誕生日でした。

「ことばづかいは、こころづかい」。

あなたの中にあるこころづかいをそのままにしないでください。

飲み込んでしまわず、ひとことプラスして、声に出して相手に届けてみてください。

あなたの、相手への思いやりがこもったひとことは、無理なく相手の話を引き出すだけでなく、あなた自身の意見や言いにくいことも、やわらかく伝えることができます。


「話す」と「聞く」。


私が冒頭の心理学者の方に言われて痛感した「自分のことば」も、この両輪がそろってこそのものでしょう。

この本で紹介してきたちょい足しのひとことは、そんな「自分のことば」を育てるために、きっとあなたを助け、コミュニケーションの輪をひろげてくれると信じております。

気づきと努力は、あなたらしさを育ててくれるはずです。

直接会って話すことが苦手、億劫（おっくう）だという人が急速に増えている今、このひとことの重要性を鋭く見抜いて企画し、ぶれないリーダーシップでリードしてくださった朝日新聞出版の森鈴香さん、受け止めじょうずのライター三宅智佳さん、お世話になりました。心からの敬意と感謝を送ります。

そして、誰よりも、ここまで読んでくださった読者の皆さまに感謝いたします。

ありがとうございました。

今井登茂子

今井登茂子（いまい・ともこ）

東京生まれ。立教大学文学部卒業後、TBSに入社。アナウンサーとして音楽番組から報道、スポーツ番組と第一線で活躍。初代お天気お姉さんとして視聴率40%を記録、お天気情報を番組として定着させる。また、TBSラジオの看板番組『キユーピー・バックグラウンド・ミュージック』を27年間担当してきた功績などから、1988年、放送貢献者に贈られる「ゴールデンマイク」賞を受賞。退社後「ことばによる自己表現」の重要性を広めることを目指し、人材教育を行う株式会社TJコミュニケーションズ「とも子塾」を設立、伊藤忠テクノソリューションズ、資生堂、東芝、丸井、ミキモト、モスフードサービス、ワコール、オール日本スーパーマーケット協会、全国地方銀行協会、日本女子プロゴルフ協会、日本秘書協会など日本を代表する企業や団体の人材育成に携わる。新聞・雑誌でコラムやエッセイを執筆するほか、『できる大人が使っている 社会人用語ハンドブック』（サンマーク出版）、『誰とでもラクに話せるコツ101——しんどいシーンをすべて解決!』（高橋書店）など著書多数。ライフワークとして音楽朗読の表現活動に力を注ぎ一貫して「ことば」の世界に生きる。

さりげなく品と気づかいが伝わる

# ちょい足しことば帳

2023年1月30日　第1刷発行
2023年4月10日　第2刷発行

著　者　今井登茂子
発行者　三宮博信
発行所　朝日新聞出版
〒104-8011　東京都中央区築地5-3-2
電話　03-5541-8814（編集）
03-5540-7793（販売）
印刷所　大日本印刷株式会社

Published in Japan by Asahi Shimbun Publications Inc.
ISBN 978-4-02-332266-0
定価はカバーに表示してあります。